KB070665

웃 으 면 서
할　　　말
다 하 는
사 람 들 의
비　　　밀

상처주기도, 상처입기도 싫은 당신을 위한 심리 대화 43

웃으면서 할 말 다하는 사람들의 비밀

초판 1쇄 발행 2018년 7월 25일
초판 13쇄 발행 2022년 11월 14일

지은이 오수향

발행인 이재진 단행본사업본부장 신동해
기획 스토리텔링공작소 디자인 데시그
마케팅 최혜진 최지은 홍보 최새롬
국제업무 김은정 제작 정석훈

브랜드 리더스북
주소 경기도 파주시 회동길 20
문의전화 031-956-7357 (편집) 031-956-7127 (마케팅)
홈페이지 www.wjbooks.co.kr
페이스북 www.facebook.com/wjbook
포스트 post.naver.com/wj-booking

발행처 ㈜웅진씽크빅
출판신고 1980년 3월 29일 제406-2007-000046호

ⓒ 2018 오수향, 저작권자와 맺은 특약에 따라 인지를 생략합니다.
ISBN 978-89-01-22573-9 03320

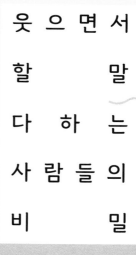

웃으면서
할 말
다 하는
사람들의
비밀

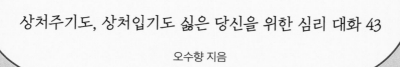

상처주기도, 상처입기도 싫은 당신을 위한 심리 대화 43

오수향 지음

리더스북

싸우지 않고 부드럽게
"그래요, 웃으면서 말해도 다~ 된답니다."

"하고 싶은 말은 많은데 어떻게 꺼내야 할지 모르겠어요."
"상대방이 불쾌할까봐 말 못하고 돌아서는 일이 많아요."
"원하는 게 있어도 제대로 표현도 못하고 끝이 나요."

말 때문에 고민하는 분들이 참 많습니다. 일상생활에서든 비즈니스에서든 말이 차지하는 비중이 대단히 높기 때문입니다. 같은 말도 상황에 따라, 기분에 따라 완전히 다르게 전달됩니다. 상대의 사소한 말투 때문에 순간적으로 욱하기도 하고, 무심코 내뱉은 말이 누군가에게 크고 작은 상처를 주기도 하지요.

거기다 다른 사람이 내게 보이는 기대가 뻔히 보인다고 상상해보세요. 그 앞에서 대놓고 "No."라고 말할 수 있을까요? 이른바 상하관계인 경우는 어떤가요? 상사와 부하직원, 위탁업체와 하청업체, 부모와 자식처럼 철저한 갑을 관계에 있다면 할 말을 하는 것이 더욱더 어려워집니다. 그러다 보니 말과 마음이 엇나갑니다. 의도와 달리 인간관계가 삐걱거리지요.

"한마디도 마음 편하게 못하겠어요."

말을 할 때마다 마음을 졸인다는 누군가의 하소연은 과장이 아닌 리얼입니다.

그런데 주변을 보면 그렇지 않은 사람들이 꼭 있습니다. 그들은 웃으면서 할 말을 다합니다. 그렇게 해서 원하는 것을 얻고 인간관계를 잘 풀어갑니다. 말로 인한 어려움도, 인간관계에 대한 고민도 없어 보입니다. 뭘까요? 타고난 걸까요? 외향적인 사람은 다 이런 걸까요?

과연 그들에게는 어떤 비밀이 있을까 궁금해졌습니다. 1년에 200회 이상 강연을 하고, 사업가들을 상대하고, 심리 코칭을 하고, 방송에 출연하다 보니 정말 다양한 사람들을 살펴볼 수 있었습니다. 강사, 영업맨, 프리젠터, 방송 진행자, 사업가, 직장인, 가정주부, 청춘들이 그 대상입니다. 결과, 효과 만점의 대화법은 예외 없이 심리학에게 기초를 두고 있음을 알았습니다.

심리학은 절대 과장하지 않습니다. 심리학은 가능한 현실만을 말합니다. 이런 심리학에 기초한 대화법은 100퍼센트 상대에게 마법을 겁니다. 자신의 진심과 의도에 따라 상대를 움직일 수 있습니다. 그러니 말을 유창하게 잘하지 못해서, 해야 할 말을 다하지 못해서 고민할 필요가 없으며, 인간관계 또한 맺힌 데 없이 순탄하게 이어집니다.

평소 누군가와 대화할 때 이상하게 상대방 의도대로 넘어간 경험을 해봤을 겁니다. 그럼에도 그 사람에 대한 거부감이 들지 않고 오히려 친근감이 들었던 일이 있을 겁니다. 아마도 그 사람이 심리학에 기초한 대화법을 구사했기 때문일 겁니다. 다음 여섯 가지 질문이 떠오른다면 바로 심리 대화법이라고 볼 수 있습니다.

웃으면서 할 말 다하는 사람들의 비밀

왜, 그 사람과의 대화에 저절로 끌릴까?

왜, 그 사람과의 대화에 쉽게 유혹당할까?

왜, 그 사람과의 대화는 틀어진 관계를 잘 풀어낼까?

왜, 그 사람과의 대화는 설득과 호응을 이끌어낼까?

왜, 그 사람과의 대화는 저절로 지갑을 열게 할까?

왜, 그 사람과의 대화는 성과와 능률을 높일까?

당신이 이런 심리 대화법을 자기 것으로 만든다면 어떨까요? 더 이상 말하기에 대한, 인간관계에 대한 고민이 생기지 않을 겁니다. 더 나아가 항상 웃으면서 할 말을 다하기에 원하는 대로 인생이 술술 풀리지 않을까요?

이 책에는 일상의 심리 대화법, 관계 회복의 심리 대화법, 설득과 호응의 심리 대화법, 연인과의 심리 대화법, 지갑을 열게 하는 심리 대화법, 성과와 능률을 높이는 심리 대화법이 담겨 있습니다. 아무쪼록 43가지 심리 대화법을 하나하나 자기 것으로 만들어 말하는 사람도, 듣는 사람도 행복한 대화의 마법사가 되길 바랍니다.

심리 대화법 전문가 오수향

차례

4장 이성을 사로잡는 심리 대화법

5장 지갑을 열게 하는 심리 대화법

1장

상대의 호감을 얻는
심리 대화법

1

"말하는 순서를 바꿔보세요."

3초 만에 상대를 끌어들이는 첫인상의 마법

_초두 효과

"왜 그 사람을 뽑으셨어요?"

"글쎄요. 왠지 첫인상이 좋더라고요. 다른 조건이 비슷하면 아무래도 인상 좋은 사람을 뽑을 수밖에요."

처음 만난 순간 왠지 느낌이 좋고 호감 가는 사람들이 있다. 요즘말로 '면접 프리패스'상이라고 부르는 인상과 스타일이 있는데, 바로 이런 유형의 사람들이다. 사회생활에서 첫인상은 특히 중요하다. 그 대표적인 예가 면접이다.

한 조사에서 "기업 인사 담당자의 75퍼센트가 신입사원 채용 시 외모가 영향을 미친다"고 답했다. 짧은 순간 인사 담당자는 면접 지원자의 태도와 자세, 표정과 인상, 외모를 보고 당락을 결정짓는다. 더 중요한 건, 인사 담당자의 85.5퍼센트가 "면접 지원자들의 첫인상이 면접이 끝날 때까지 유지된다"고 밝혔다는 점이다.

특히 우리나라 사람들은 첫인상을 결정하는 데 드는 시간이 매우 짧다. 미국인은 15초, 일본인은 6초가 걸리는 데 반해 우리나라 사람은 단 3초가 든다. 3초의 법칙. 그만큼 우리나라 사람은 누군가를 만날 때, 순간적으로 인식된 상대의 첫인상을 매우 중요시함을 알 수 있다. 즉 상대를 판단할 때 노력을 적게 들이고 신속하게 결론을 얻으려는 속성, 곧 인지적 구두쇠 효과Cognitive miser effect에 크게 좌우되는 것이다.

그런데 이런 좋은 인상은 그냥 생기는 게 아니다. 잘 살펴보라. 이들은 상대에게 호감을 얻기 위해 세심하게 신경을 쓴다. 메이크업, 헤어스타일, 패션뿐 아니라 미소 띤 표정과 세련된

매너까지. 단순히 외적으로 예쁘거나 잘생겨야 한다는 뜻이
아니다. 탁월한 미모를 지니지 않았다 해도 자신에게 어울리
는 스타일로 얼마든지 좋은 인상을 줄 수 있다.

이렇게 반문하는 사람도 있을 듯하다.

"저도 최선을 다해 외양과 스타일에 신경썼어요. 그래도 밀
리는 느낌이에요. 더 이상 제가 뭘 할 수 있을까요?"

있다, 더 할 수 있는 것이. 외양의 첫인상 말고 대화의 첫인상
이란 것이 있다. 이는 초두 효과Primacy effect로 설명할 수 있다.
처음 제시된 정보나 인상이 나중에 제시된 정보나 인상보다
기억에 큰 영향을 끼치는 현상을 말한다. 초두 효과를 실험하
기 위해 미국의 사회심리학자 솔로몬 애시는 실험 참가자들에
게 A와 B 두 사람에 대한 정보를 다음처럼 제공했다.

- A : 똑똑하다, 근면하다, 충동적이다, 비판적이다, 고집스럽다, 질투심이 많다
- B : 질투심이 많다, 고집스럽다, 비판적이다, 충동적이다, 근면하다, 똑똑하다

결과는 어땠을까? A와 B 두 사람에 대한 정보는 순서만 다

를 뿐 똑같다. 하지만 실험 참가자들의 반응은 뜻밖이었다. 실험 참가자들은 A에게 호감을 나타낸 반면 B에게는 비호감을 나타냈다. A의 정보에서는 '똑똑하다', '근면하다'는 긍정적인 말이 초두 효과를 일으켰고, B의 정보에서는 '질투심이 많다', '고집스럽다'는 부정적인 말이 초두 효과를 일으켰기 때문이다. 같은 내용을 순서만 다르게 제시했을 뿐인데 이렇게 결과가 다르다니!

그렇다면 우리는 호감을 얻고 싶은 상대에게 자신을 어떻게 소개하는 것이 좋을까?

"기획력과 실행력이 높다고 자부합니다. 다소 덜렁거리는 편이지만 이 점은 앞으로 노력하여 보완하겠습니다."
"다소 덜렁거린다는 말을 듣습니다. 하지만 기획력과 실행력이 높다고 자부합니다."

어떤가. 미묘한 차이지만 첫 번째 소개가 더 적극적이고 긍정적으로 느껴지지 않는가. 초두 효과는 콘크리트 효과라 불릴 정도로 그 효과가 단단하고 오래 간다. 그러니 서두에서 자신이 어필하고 싶은 장점과 매력을 제시하라. 이 순간 영양가 없는 겸손의 미덕은 잠시 접어두도록 하자.

흔히 첫인상을 결정하는 세 가지로 '외양, 목소리, 어휘'를 꼽는다. 앞으로는 외적인 첫인상에 신경쓰는 만큼 대화의 첫인상에도 신경쓰길 권한다.

"안녕하세요. 만나뵙게 되어 반갑습니다!"

힘찬 목소리로 건네는 첫인사.

"목표매출액을 120퍼센트 초과 달성했습니다. 영업이익은 80퍼센트 달성했습니다."

잘한 것부터 내세우는 대화의 첫인상.

초두 효과를 기억하자. 첫 만남에서 한 사람에 대해 받은 총체적인 느낌은 쉽게 사라지지 않는다. 친구나 가족이 아닌 비즈니스 관계에서 누군가를 만날 때는 나의 장점과 매력을 오래 기억할 수 있도록 서두에 제시하는 마법을 부려보자.

2

"원하는 게 있으면 손부터 내밀어라"

고개를 끄덕이게 만드는 긍정의 스킨십

_악수 효과

"대화에서 신뢰를 얻으려면 가급적 악수를 많이 하세요."

대화법 기술을 문의하는 사람들에게 전해주는 팁이다. 우리 나라 사람들은 대화와 악수를 별개로 생각하는 경향이 있다. 그래서 누군가와 대화를 할 때 악수를 잘 하지 않는다. 이를 잘 활용하면 소통을 극대화할 수 있는데도 말이다.

악수는 누군가를 처음 만났을 때만 하는 게 아니다. 일상에서 적절히 하면 할수록 좋은 결과를 볼 수 있다. 무슨 얘기일까? 다음 예를 살펴보자. 아파트 관리인이 주민들에게 쓰레기 분리수거 협조를 구해야 하는 상황이다.

A 관리인은 주민에게 악수를 하지 않고 말을 건넨다.
"아파트의 쾌적한 환경을 위해 분리수거에 신경써주세요."

B 관리인은 주민에게 먼저 악수를 하고 나서 말을 건넨다.
"분리수거에 신경써주세요. 우리 아파트를 좋은 환경으로 만들기 위해서입니다."

말의 내용은 같다. 그런데 그 결과도 같을까? 악수를 먼저 건넨 B 관리인이 훨씬 더 협조를 잘 끌어낸다. A 관리인은 협조를 얻어내는 데 실패할 가능성이 높다.

악수 효과Handshake effect라는 말을 들어본 적이 있는가? 하버드 비즈니스 스쿨 교수 프란체스카 지노는 MBA 수강생들을 대상으로 협상 실험을 했다. 부동산 구매자와 판매자를 짝을 지어 두 팀으로 구성했다. 한 팀은 악수를 한 후 협상을 진행하게 했고, 다른 한 팀은 악수를 하지 않은 채 협상을 진행하게 했다. 그러자 흥미로운 결과가 나타났다. 악수를 한 팀이 수익 분배와 정보 공유 등의 면에서 더 공정한 자세를 취한 것이다.

취업 지망자와 고용주를 대상으로 한 실험에서도 마찬가지 결과가 나타났다. 악수를 한 팀이 연봉, 보너스, 근무 시간 등에서 합의점에 도달하려는 노력을 더 많이 한 것으로 나왔다.

악수 효과는 일상생활 전반에 활용할 수 있다. 지노 교수는 특히 자녀 교육에 이를 활용할 것을 권한다.

"사소한 일로 다툰 자녀들을 화해시킬 때 말로만 사과하게 하는 것보다 서로 손을 잡게 하는 것이 좋습니다. 여기에는 과학적인 근거가 있습니다. 악수는 상대방을 존중하게 하는 효과가 있기 때문입니다."

요즘 층간 소음 문제로 이웃 간 갈등이 심각하다. 서로 친분이 없는 경우엔 더 그렇다. 그래서 이사를 가면 아이 손을 잡고 작은 선물을 들고 아래층에 인사를 가곤 한다. 이때도 악수를 먼저 건네고 말을 꺼내면 사람의 마음을 얻기가 훨씬 더 쉬워진다.

직장에서도 마찬가지다. 상사가 신입사원에게 열심히 일하라고 독려할 때 구차한 구호를 늘어놓기보다 따뜻한 악수를 청하는 게 좋다. 거래처 직원을 만날 때도 그렇다. 성급하게 자신의 요구부터 전달하는 것은 스스로 하수임을 드러내는 일. 사심 없이 상대와 악수를 하는 것으로 시작해 하나하나 풀어가는 게 좋다.

지미 헨드릭스는 "왼손으로 악수합시다. 그쪽이 내 심장과 더 가까우니까"라고 했고, 인도의 첫 여성 총리 인디라 간디는 "주먹을 쥐고 있으면 악수를 나눌 수 없다"고 했다. 어색하겠지만 천천히 시도해보자. 악수를 하는 순간 마음의 문이 열릴 것이다.

웃으면서 할 말 다하는 사람들의 비밀

3

"그 사람은 어떻게 3배의 팁을 얻었을까?"

미소가 불러오는 설득력의 차이

_미소 효과

"처음 봤는데 믿음이 가더라."

"왠지 호감 가는 사람이라니까요."

"난 그 사람, 느낌이 영 별로던데…."

아직 한마디도 나누지 않은 상태인데도 어떤 사람은 이미 매력을 표출해 상대에게 호감을 주는 반면, 어떤 사람은 그렇지 못하다. 그 차이는 무엇일까? 단 몇 초 만에 사람을 사로잡는 매력은 어디에서 나오는 걸까? 바로 미소다.

환하게 웃는 얼굴은 구구절절한 백마디 말 이상의 효과를 낸다. 아름다운 미소는 얼굴마저 예뻐 보이게 만드는 효과가 있을 뿐 아니라 상대에게 좋은 첫인상을 심어준다.

"뻔한 얘기 아닌가요?"

누군가는 그렇게 물을지도 모른다. 뻔한 얘기지만 뻔하지 않다. 많은 사람들이 이런 얘기를 자주 듣지만 정말로 이를 실감하고 실행하는 일은 흔치 않기 때문이다.

나는 평소 다양한 분야에서 수많은 사람들을 만난다. 상대에 대해 전혀 모르는 상태로 만나는 경우가 허다하고, 시간에 쫓겨 금방 자리를 뜨는 일도 많다. 그래서 늘 미소에 신경을 쓴다.

'나를 아는 이에게 최대한 진심에서 우러나오는 미소를 보이자. 그 미소를 통해 상대의 마음까지 환해지게 하자.'

강의를 할 때는 기본적으로 콘텐츠를 성실하게 준비해서 열정적이고 재미있게 전달해야 한다. 하지만 그것만으로는 부족하다. 그 이상이 필요하다. 수강생들이 만족하고, 강의가 끝난 후에도 평점을 후하게 주는 강의의 핵심은 미소다. 나 역시 강의를 하는 동안 입꼬리를 끌어올리면서 미소를 잃지 않기 위해 노력한다. 강의 분위기가 좋아지고 내용 전달도 더 잘 되니 수강생들 반응이 나쁠 수가 없다.

대학생 프레젠테이션 심사를 할 때였다. 대부분의 학생들이 잘 준비해서 매끄럽게 발표를 했다. 그런데 전달력 부분에서 아쉬운 점이 있었다. 발표하는 학생들 대부분이 굳은 얼굴이었다. 물론, 긴장을 한 탓도 있지만 그보다는 미소 훈련을 전혀 하지 않은 탓이 컸다. 그 가운데 유독 눈에 들어오는 여학생이 있었다.

그 학생은 등장할 때부터 남달랐다. 환한 미소를 띤 얼굴로 무대 위에 올라섰다. 그걸 보는 심사자들도 미소에 전염되는 듯 덩달아 웃음이 번졌다. 준비해온 내용도 알찼고 진행도 매끄러웠다. 결국 그 여학생에게 1등이 돌아갔다. 두말할 나위 없는 당연한 결과다.

실제로 미소는 타인에게 매우 강한 호감을 불러일으킨다. 미소 효과Smile effect 때문이다. 콜로라도대학의 아기니스 교수 연구진에 따르면, 미소는 말의 설득력을 높인다고 한다. 연구진은 상냥하게 웃으며 설득하는 장면을 찍은 영상과 신경질적인 표정으로 설득하는 장면을 찍은 영상을 대학생들에게 보여주었다. 상냥하게 웃으며 설득하는 영상을 본 학생들은 이런 반응을 보였다.

"이 사람 말이 더 신빙성이 높아요."

"이분 말은 믿음이 갑니다."

티드 K.L과 록카드 J. S가 한 실험에서도 이는 잘 드러난다. 이들은 바에서 음료수를 주문한 고객들을 대상으로 미소의 효과를 알아보았다. 종업원들로 하여금 고객에게 음료수를 서빙하면서 미소를 짓게 했다. 한 그룹은 최소한의 미소를, 다른 한 그룹은 치아가 보이는 환한 미소를 보였다. 이외의 다른 상호작용은 없었다. 고객의 반응은 어떻게 달랐을까?

고객이 밖으로 나간 후 종업원에게 준 팁의 액수를 측정했더니, 그 결과는 의미심장했다. 환한 미소를 지은 종업원이 다른 종업원에 비해 약 3배 더 많은 팁을 받은 것으로 나타났다.

누군가에게 부탁할 일이 있다면 사무적인 표정은 거둬들이고, 환한 미소를 지어보자. 그렇다고 아무 때나 무조건 미소를 지으라는 말은 아니다. 미소가 상대에게 호감을 주는 무기라고는 하지만, 때와 장소를 가려가며 활용해야 하는 건 당연하다. 상갓집에서 연신 환하게 웃는 사람을 상상해보라. 결코 호감을 불러올 수 없다.

미소에는 진정성이 있어야 하지만, 그걸 잘 표현하는 테크닉도 필요하다. 호감을 주고 예뻐 보이는 미소를 짓기 위해 승무원들의 노하우를 활용해보는 건 어떨까.

승무원들이 예쁜 미소를 만드는 요령

- 아침저녁으로 거울을 보면서 안면 근육 운동을 한다.
- 휴대폰 액정 화면에 환하게 웃는 자신의 사진을 붙여놓고 따라 한다.
- 미소가 예쁜 롤모델의 사진을 거울에 붙여놓고 자주 보고 따라 웃는다.
- 의식적으로 거울을 자주 보면서 자신의 표정을 확인한다.
- 긍정적인 마음으로 항상 웃으려고 노력한다.

4

"끼리끼리는 통할 수밖에 없다?"

무의식중에 이어지는 너와 나의 연결고리

_유사성 효과

"그 친구하고는 참 잘 통해요. 말하지 않아도 안다니까요."

"괜히 좋은 사람 있죠? 그 사람에겐 이상하게 끌리는 편이에
요."

처음 어떤 사람을 만났을 때, 이런 호의적인 반응을 보이는
경우가 있다. 그의 외모가 아주 뛰어나거나 학벌이 좋거나 재
산이 많거나 유명한 인물이어서가 아니다. 특별한 이유 없이

왠지 끌리는 사람의 경우, 대체로 나와 비슷한 면이 있다.

대화법을 상담받기 위해 부부가 나를 찾아오는 경우가 있는데, 이를 예로 들어 살펴보면 이해가 쉽다. 나는 부부들이 상담실을 들어서는 순간 한눈에 부부 관계가 어떤지를 짐작할 수 있다. 부부의 목소리 톤과 말하는 스타일이 비슷할 경우 나는 확신을 갖고 말한다.

"금슬이 좋아 보이시네요. 관계가 좋으니 대화법의 기술적인 문제만 보완하면 될 듯합니다."

그러면 부부의 눈이 휘둥그레진다. 어떻게 그걸 아느냐는 거다. 이와 반대로 부부의 목소리 톤과 말하는 스타일이 확연히 다른 경우에는 이렇게 말한다.

"요즘 부부 관계가 많이 안 좋은 것 같습니다. 이럴 때는 근본적으로 대화의 태도를 고쳐나가야 합니다. 그래야 관계를 회복할 수 있어요."

이때도 역시나 부부는 어떻게 알았느냐며 놀란다.

혹시 신기가 있느냐고? 아니다. 나는 아주 평범한 사람이다. 상담하러 온 부부의 관계를 겉모습만 보고 족집게처럼 척척 맞히는 것은 신기도 우연도 아니다. 유사성 효과 Similarity effect

에 근거해 판단한 결과다.

사람들은 상대방과의 유사성이 많으면 호감도가 높아지고, 호감도가 높아지면 유사성이 많아진다. 단순하게 말해 '좋아하면 닮는다'는 말이다. 고로, 부부가 서로 비슷하면 서로 호감도가 높을 가능성이 크고, 반대로 너무 다르면 호감도가 떨어졌다는 징표로 읽을 수 있다.

사회심리학자 데이비드 와일더는 피험자들에게 다른 이름이 적힌 배지 두 개 중 하나를 착용하고 그 이름의 간판이 걸린 방에 들어가게 했다. 이들은 칸막이로 나뉜 책상에 앉았고, 옆에 누가 있는지 알 수 없는 상황이다. 이렇게 두 그룹으로 나누어졌다. 이후 피험자 절반에게는 같은 방 사람의 의견서를 받았고, 절반은 다른 방 사람의 의견서를 받았다. 의견서에는 문제를 일으킨 직원이 명시돼 있었는데, 그에 대한 유무죄를 판단해 처벌을 결정하게 했다.

그러자 피험자들은 같은 방 사람의 의견에 동의하는 경향을 보였다. 반면 다른 방 사람의 의견에는 따르지 않는 경향을 보였다. 같은 방 사람이 가벼운 처벌을 내리라는 의견을 내면 거기에는 동의했다. 하지만 다른 방 사람이 가벼운 처벌을 내리라는 의견을 낼 경우엔 이를 따르지 않고, 오히려 심한 처벌을 내릴 것을 요구했다. 이뿐 아니다. 피험자들은 같은 방 사람의 의견은 심도 있게 고려하고 많은 부분을 기억했지만, 다른 방 사람의 의견은 그렇지 않았다.

이를 통해 같은 배지를 달고 같은 방에 들어갔다는 유사성만으로도 호감을 형성해 판단에 영향을 미친다는 걸 알 수 있다.

같은 맥락으로, 면접을 할 때 면접관과 유사성이 높으면 높을수록 자신을 어필하기가 유리하다. 고향, 대학교, 외모, 취미, 목소리, 패션 등 여러 가지 면에서 그렇다.

누군가에게 호감을 얻고 싶은가? 그렇다면 그 사람과 유사한 점을 찾아 어필해보자. 영업 사원들이 나이, 종교, 고향, 취미 등이 비슷한 고객들과 계약을 잘 맺는다는 것은 이미 널리 알려진 사실이다.

또는 비슷한 점을 과하지 않은 정도에서 의도적으로 만들어보는 것도 괜찮다. 추임새처럼 상대의 마지막 말을 자연스럽게 따라 해도 좋고, 공략하고 싶은 상대가 있을 때 그 사람 의상 스타일에 맞춰서 입고 나가는 것도 한 방법이다. 자신과 비슷한 복장을 한 사람이 부탁을 해왔을 때 승낙율이 높다는 실험 결과도 있지 않은가.

"작년에 교통사고를 당했었는데 그때 정말 힘들더라고요."

"아 네, 정말 힘드셨겠네요."

"실장님, 오늘 우리 의상 콘셉트가 비슷하네요."

"정말 그러네요. 오늘 미팅 느낌이 좋은데요."

상대와의 친밀도를 빠른 시간 안에 높이는 데 유사성 효과만한 게 없다. 밉지 않게, 적당히, 센스를 발휘해보기를 바란다.

5

"마침표는 무조건 칭찬으로"

부정에서 긍정으로, 좋은 말도 요령껏 해야 먹힌다
_칭찬의 최신 효과

"박 대리는 언제나 미소 짓는 얼굴이 참 보기 좋아."
"김 부장님, 오늘 넥타이 색깔이 얼굴 톤과 잘 어울리는데요."

서먹서먹한 관계를 단번에 친밀한 관계로 변화시키는 말이
있다. 바로 칭찬이다. 웬만해서는 칭찬을 듣고 기분 나빠지는
경우는 없다. 칭찬은 상대로 하여금 흥이 나게 하고, 칭찬한 사
람에게 호감을 갖게 한다. 그런데도 우리나라 사람은 칭찬에

인색한 경향이 있다.

"칭찬할 게 없는데, 억지로 할 수는 없잖아요."

"맘에 없는 말로 아부하는 건 정말 싫어요."

"그걸 꼭 말로 해야 하나요? 그냥 마음으로 느끼는 거죠."

이런 말들로 칭찬하지 않는 걸 합리화한다. 하지만 칭찬은 상대가 칭찬받을 만한 일을 했을 때만 하는 게 아니다. 칭찬은 상대에 대한 애정과 관심의 표현이다. 내게 준 것이나 잘한 일에 상응하는 대가성으로 하는 게 아니란 뜻이다.

건강하게 자라는 아이를 보면 대견하고 예뻐서 저절로 칭찬이 나오지 않는가? 아이가 꼭 칭찬받을 만한 일을 해서가 아니라, 애정의 마음 때문에 칭찬할 거리가 솟구친다. 다른 관계에서도 마찬가지다. 직장 상사나 후배, 직원, 선생님, 학생 그 자체에 대한 관심과 애정을 갖고 있으면 애쓰지 않아도 칭찬할 거리가 보인다.

칭찬을 하기 위해선 먼저 상대에 대한 관심과 애정이 바탕이 돼야 한다. 애정의 눈으로 보면 상대의 단점보다는 장점이 더 크게 보인다. 외모면 외모, 능력이면 능력, 성품이면 성품, 어떤 면에서든 좋은 점이 눈에 띌 테고, 그 가운데 하나를 구체적으로 콕 집어 칭찬하면 된다.

"딸, 코가 아빠 코를 닮아서 오똑하니 이쁘네."

"프레젠테이션할 때 중저음 목소리가 듣기 좋더라."

"민석아, 손이 불편한 친구를 대신해서 청소를 아주 깨끗하게 했구나. 멋지다!"

이때 칭찬의 효과를 극대화하는 방법이 있다. 막연히 생각하기에 무조건 칭찬을 많이, 그리고 자주 해주면 좋을 것 같지만 그렇지 않다. 칭찬의 최신 효과Recency effect of praise 때문이다. 이는 비난으로 시작하다가 칭찬으로 마무리할 경우, 오히려 더 호감을 느끼는 현상을 의미한다.

사회심리학자 에론슨과 린다는 미네소타대학교의 여학생 80명을 대상으로 실험을 했다. 총 4회에 걸쳐 남이 자신에 대해 이야기하는 것을 듣게 했다. 그러고 나서 그 말을 한 사람에 대한 호감도를 평가하도록 했다.

1회차에는 "교양 있고 말솜씨가 세련되며, 호감형 인상이다"라는 말로 계속 칭찬했다. 2회차에는 "무식하고 말투가 어눌하며, 인상이 비호감이다"라는 식으로 계속 비난을 했다. 3회차에

는 "무식하고 말투가 어눌하지만, 호감형 인상이다"라고 비난
으로 시작해 칭찬으로 마무리했다. 4회차에 와서는 "교양 있고
말솜씨가 세련되지만, 비호감형 인상이다"라며 칭찬으로 시
작해 비난으로 마무리했다.

어떤 결과가 나왔을까?

칭찬만 연달아 한 1회차가 제일 호감도가 높을 것 같지만 그
렇지 않았다. 제일 호감도가 높은 건 부정적인 평가로 시작해
서 긍정적인 칭찬으로 마무리한 한 3회차이다. 이와 관련해 에
론슨과 린다는 다음과 같이 말한다.

"칭찬이 계속 반복되면, 식상해지고 또 신빙성이 떨어질 뿐
만 아니라 칭찬의 진정성까지 의심을 받습니다. 이렇게 되면
칭찬의 본래 의미가 퇴색해 인사치레의 빈말이나 아부로 오해
받을 수 있죠."

그리고 칭찬을 하다가 비난을 하면, 계속 칭찬받을 거라는
기대 심리가 어긋나며 기분이 나빠진다. 이와 달리 비난하다
가 칭찬으로 마무리하면 칭찬 효과가 극대화된다. 그 이유는
앞서 말한 최신 효과, 즉 나중에 제시된 정보를 더 잘 기억하는
현상 때문이다.

칭찬에 있어서 최신 효과는 활용 가치가 높다. 선생님이 학생을 칭찬할 때도, 처음엔 꾸중으로 시작해 칭찬으로 마무리하는 게 좋다. 그러면 학생은 꾸중을 맞은 일보다 마지막에 칭찬받은 것을 더 잘 기억하며, 선생님에게 호감을 갖는다. 심지어 칭찬만 해준 선생님보다 더 호감을 갖게 될 수도 있다.

부모와 아이의 관계도 마찬가지다. 아이의 정서 발달을 위한다면서 오로지 칭찬만 해서는 곤란하다. 아이의 잘못된 점은 반드시 바로잡아줄 필요가 있다. 단 그런 후에는 반드시 칭찬으로 마무리하자. 직장 상사도 마찬가지다. 늘 지적질만 하거나 형식적인 칭찬만 남발하는 건 서로에게 득이 될 게 없다. 문제를 지적하되, 잘한 일을 찾아 칭찬으로 마무리하자.

6

"네가 무슨 잘못이야? 전봇대가 잘못했네!"

네 탓 내 탓 하며 말다툼하는 이유

_근본적 귀인 오류

바쁜 출근 시간, 회사원인 당신은 정장으로 갈아입으려고 한다. 그런데 와이셔츠가 다려져 있지 않다. 당신은 당황스러워하는 아내를 바라보며 한마디를 한다. 자, 이때 당신이라면 어떤 말을 하겠는가? 크게 두 가지 유형이 있다.

- A 유형 : "도대체가 당신은 집구석에서 하는 일이 뭐야? 고작 와이셔츠 하나 다려놓질 못 해."

• B 유형 : "요즘 집안일 때문에 정신이 없나보네. 그래도 남편 옷은 좀 신경써 줘야지."

아마 당신은 A 유형일 가능성이 높다. 사람들은 보통 어떤 행동의 원인을 환경, 우연한 기회 등 외부 요인보다는 개인의 성격, 동기, 기질, 태도에서 찾는다. 아내가 와이셔츠를 다려놓지 않은 것의 원인은 아내의 게으른 성격 때문일 수도 있고, 바쁜 가사 일 때문일 수도 있다. 그런데 대개의 사람은 특정 행동의 원인을 외부 환경이나 조건보다는 그 사람의 내적인 문제에서 찾으려는 경향이 있다. 그래서 상대를 탓하며 말다툼으로 이어지는 일이 많다.

이런 결과는 근본적 귀인 오류Fundamental attribution error 때문이다. 이는 1958년 호주의 심리학자 하이더가 쓴 『대인관계의 심리학』에서 처음 나온 용어로, 사람들이 어떤 행동의 원인을 추론하는 과정을 뜻하는 귀인 이론Attribution theory의 하나다. 근본적 귀인 오류는 어떤 행동의 원인을 외부 요소에서 찾지 않고 개인의 성향에서 찾음을 의미한다.

심리학자 로스, 에머빌, 스타인메츠는 퀴즈 게임 실험을 통해 이를 입증했다. 그들은 제비뽑기로 질문자 그룹, 질문을 받는 그룹, 이 두 그룹의 퀴즈 게임을 관찰하는 그룹, 이렇게 총 세 그룹을 만들었다. 그러고 나서 질문자가 질문을 하도록 시켰다.

질문자 그룹은 편해 보인 반면, 질문을 받는 그룹은 쩔쩔 매는 모습을 보였다. 시간이 지날수록 질문을 받는 그룹에서 틀린 대답을 하는 횟수가 늘었다. 이 모습을 관찰하는 그룹은 말 없이 이를 지켜보았다.

얼마 후 게임이 종료되고 나서 세 그룹에게 같은 질문을 던졌다.

"질문자 그룹과 질문을 받는 그룹의 지식 수준을 어떻게 평가하십니까?"

그러자 질문자 그룹은 이렇게 대답했다.

"우리와 질문을 받는 그룹의 지식 수준이 비슷한 것 같습니다."

그런데 질문을 받는 그룹과 관찰자 그룹은 의외의 답변을 내놓았다.

"우리보다 질문자 그룹의 지식 수준이 더 높은 것 같습니다."

사실, 이 실험 자체가 질문자에게 유리하게 되어 있었다. 질문자는 페널티킥 키커이고 질문을 받는 사람은 골키퍼나 마찬가지다. 그런데 질문을 받는 그룹과 관찰자 그룹은 이런 외부 요소보다는 틀린 대답을 많이 유도하는 질문자 그룹의 지적인 측면, 즉 내부 요소를 더 높이 평가했다.

이런 인식 구조 때문에 일상에서 별것 아닌 일로 욱하는 일이 생긴다. 어떤 문제가 생겼을 때 문제 원인을 상대의 성격과 기질에서 찾는 오류 때문이다.

만일 현실에서 이 같은 상황이 생길 때는 잠시 생각을 중단하고, 호흡을 가다듬어보자. 그러고 나서 천천히 외부 요인을 점검해보는 것이다. 예를 들어 여자친구가 약속 시간보다 늦게 도착했다면 "짜증 나. 너는 습관적으로 늘 늦더라"라고 말하는 대신 이렇게 말해보자.

"무슨 일 있었니? 지하철이 연착해서 늦었나보네."

남자친구가 취업시험 준비로 바빠서 잘 만나주지 않는다면 "자기는 항상 자신만 생각해"라고 불평하지 말고 상대 입장에서 말해보는 거다.

상대의 호감을 얻는 심리 대화법

"취업 때문에 스트레스가 심하지? 나도 자기 마음이 어떨지 이해가 돼."

한두 번만 실행해보라. 이 작은 한마디가 관계 개선에 얼마나 큰 힘이 되는지 실감할 수 있을 것이다.

7

"경계심 많은 상대에겐
라포~르 하세요."

스며들 듯 마음의 벽을 허무는 대화의 기술

_라포르

직장에서 리더십도 좋고 인간관계에도 문제가 없는데, 의외로 이성과의 관계에는 서툰 남자들이 있다. 한번은 IT 기업에 다니는 B씨가 상담을 요청해왔다.

"친구들이나 직장동료들은 다 여자친구가 있는데 저만 없어요. 제게 무슨 문제가 있는 걸까요?"

대화를 나눠보니, 그는 남자 형제만 셋인 집안에서 자랐고, 남중·남고를 나온 데다 ROTC 출신이었다. 여성과 교류할 기회 자체가 거의 없다 보니, 이성과의 대화 테크닉이 매우 부족했다. 남성끼리 나누는 직선적이고 투박한 대화 스타일이 몸에 배어 있던 터라, 여성과 대화를 나눌 때도 그런 습관이 튀어 나왔다. 일방적으로 자기 말만 하고 상대방의 이야기는 세심하게 듣지 않았으며, 거센 사투리 억양은 꼭 화가 난 것처럼 들리기도 했다.

그에게는 상대방을 배려하는 대화의 기술이 필요했다. 이때 가장 먼저 갖추어야 할 조건이 라포르Rapport다. 라포르는 사람과 사람 사이에 생기는 상호 신뢰관계로 마음의 벽을 허물고 서로 통하는 편한 관계를 말한다. 프랑스어 '가져오다', '참조하다'에서 유래한 용어로 심리 치료, 심리 상담, 코칭에서 많이 활용되는 개념이다.

라포르는 많은 상담자를 상대해야 하는 내가 자주 활용하는 기술이기도 하다. 고민을 갖고 찾아온 내방자는 생전 처음 만난 대화심리 전문가 앞에서 허심탄회하게 말을 꺼내지 못한다. 거리감 때문이다. 이때 내가 내담자를 배려하지 않고, 고자세를 취하거나 무신경하게 대하면 내방자는 속 얘기를 꺼내기가 더 힘들어진다. 그렇게 되면 당연히 심도 있는 상담은 물 건너가고 만다.

그래서 나는 내방자와 만난 몇 분 내에 상대가 나에 대한 신뢰와 친근감을 가질 수 있도록 라포르를 만들어내는 데 집중한다. 실제로 내방자와 라포르를 만들고 나면, 언제 그랬냐는 듯 내방자는 편한 미소를 짓는다. 그러면서 술술 고민의 보따리를 풀어낸다. 이렇게 해서 공적으로 만났지만 사적으로 친밀한 관계가 만들어지고, 고민 상담은 훨씬 더 좋은 결과를 맺는다.

직장인 B씨야말로 라포르를 잘 활용할 필요가 있다. 여성과의 첫 만남에서 좋은 감정을 만들어내기 위해서는 상호 신뢰와 친근감이 먼저 형성돼야 한다. 이는 남성을 잘 사귀지 못하는 여성에게도 해당하는 이야기다. 이들이 라포르를 만들기 위해서는 기본적으로 다음 세 가지가 필요하다.

첫째, 상대의 말 경청하기. 사소하고 시시한 대화를 하더라도 시선을 맞추고 고개를 끄덕이면서 맞장구를 쳐주는 것이다. 이렇게 되면 상대방이 자신에게 관심을 갖고 있음을 확신한다.

둘째, 상대의 행동 따라 하기. 상대방이 차를 마시면 같이 차를 마시고, 상대방이 웃으면 따라서 웃어보자. 유사한 행동으로 인해 상대방은 동질감을 느낀다.

셋째, 자신의 사적인 이야기 공개하기. 이 부분이 제일 중요하다. 진솔하게 자신을 드러내거나, 의외의 허점을 노출함으로써 상대의 경계심을 누그러뜨리고, 호감을 불러일으킬 수 있다.

경계심과 거리감이 벽을 쌓은 상태에서는 이성뿐 아니라 누구라도 상대방에게 호감을 느끼기 어렵다. 그러니 친밀감이나 친근감을 형성해 벽을 부수는 것부터 시작하자. 마음의 문이 열렸다면 절반은 성공한 것이다.

2장

틀어진 관계를
바로잡는
심리 대화법

1

"훗, 나에게 친절을 베풀 기회를 드릴게요."

적을 내 편으로 만드는 부탁의 기술

_인지부조화 이론

미국 100달러 지폐에 실린 벤저민 프랭클린이 펜실베이니아 주 의회 의원이었을 때의 일이다. 그에게는 까다로운 정적이 한 명 있었는데, 그 때문에 여간 곤혹스러운 게 아니었다. 그는 어떻게 하면 정적과 우호적인 관계를 맺을 수 있을까 고민하다가 한 가지 아이디어를 떠올렸다.

"사람은 자신에게 친절을 베푼 사람보다 자신이 친절을 베푼 사람을 더 좋아한다는 속담이 있지. 바로, 그거야!"

얼마 뒤, 프랭클린은 정적을 찾아가서 말했다.

"급히 자료로 봐야 할 책이 있는데, 듣자니 댁에게 그 책이 있다고 하더군. 괜찮다면 빌려주시겠소?"

매우 희귀한 책이었음에도 정적은 의외로 흔쾌히 승낙을 했다.

"그거야 어렵지 않죠. 잘 보시고 돌려주세요."

며칠 후, 프랭클린은 '감사합니다'라고 적은 쪽지를 책에 넣어 돌려주었다.

이 일이 있고 나서 시간이 꽤 흘렀다. 프랭클린은 우연히 정적을 주 의회 의사당에서 만났다. 그런데 깜짝 놀랄 일이 생겼다. 정적이 그전과 완전히 다른, 매우 정중한 태도로 먼저 말을 걸어오는 게 아닌가. 이렇게 해서 이 둘은 정적 관계에서 우정을 나누는 관계로 변하게 되었다. 훗날 프랭클린은 자서전에 이런 말을 남겼다.

"적이 당신을 한번 돕게 되면, 나중에는 더욱더 당신을 돕고 싶어하게 된다."

이는 일명 벤 프랭클린 현상 Ben Franklin effect이라 불린다. "한

번 도와준 후에 더 도와주고 싶다고? 이게 말이 돼?"라며 수
긍하지 못하는 사람도 있을 것이다. 하지만 인지 부조화 이론
Cognitive dissonance theory으로 그 논리적 배경을 설명할 수 있다.
이는 사람이 갖고 있는 신념, 생각과 태도, 행동 간의 부조화가
유발하는 심리적 불편감을 해소하기 위한 태도나 행동 변화를
설명하는 이론이다.

1950년대 미국 심리학자 리언 페스팅어의 『인지적 부조화
이론』에서 처음 제기된 용어다. 그는 스탠퍼드대학 학생을 대
상으로 실험을 했다. 두 그룹 학생들에게 지루하고 의미 없는
일을 시킨 후, 한 그룹 학생들에게는 1달러, 다른 그룹 학생들
에게는 20달러를 주면서 이렇게 요청했다.

"다음 차례를 기다리는 학생들에게 이번 일이 무척 재미있
다고 거짓말을 해주겠나?"

그러자 1달러를 받은 그룹이 거짓말에 더 적극적이었다. 이
그룹은 명문 스탠퍼드의 학생들이었는데, 겨우 1달러를 받고
지루한 일을 했다고 말하는 것은 자존심이 허락지 않았다. 이
렇게 인지부조화를 겪은 학생들은 거짓말을 해서라도 자존심
을 지키려 한 것이다.

웃으면서 할 말 다하는 사람들의 비밀

사회생활을 하다 보면, 사이가 좋지 않은 사람이 종종 생긴다. 상대방이 일방적으로 악의를 품는 경우도 있지만 단지 서로 코드가 맞지 않아 껄끄러운 경우도 많다. 이때 틀어진 관계를 돌려놓기 위한 노력으로 설득과 회유는 별 쓸모가 없다. 가장 효과적인 방법은 그에게 다가가 정중한 부탁을 하는 것이다.

　"갑자기 휴대폰 배터리가 나갔는데, 잠시만 빌려줄 수 있어?"

　"이번에 가족과 캠프를 가려는데 버너가 고장 났더라고. 혹시 버너 좀 빌릴 수 있을까?"

　"제가 이쪽 방면으로는 좀 많이 부족해서 말입니다. 한번 봐주시겠습니까? 20분이면 충분합니다."

　평소 껄끄러운 상대였던 당신이 뜻밖의 부탁을 하는 순간, 정적이 친구가 되는 아름다운 대 화해의 모드가 펼쳐질지 누가 알겠는가.

2

"왜 누군가의 사과는 통하고,
누군가의 사과는 욕을 먹을까?"

사과에도 공식이 있다

_사과 이론

"왜 먼저 사과를 해요? 먼저 사과하면 지는 거잖아요!"
"그냥 흐지부지 넘어가면 되죠. 그걸 굳이 들춰낼…."

관계를 맺고 살다 보면 의도치 않은 실수로 사과해야 할 일
이 더러 생긴다. 그런데 상당수 사람들이 사과하는 걸 소홀히
여긴다. 한쪽은 가해자이며 한쪽은 피해자이기에 적절한 사과
는 필수적인데도 말이다. 사과를 제대로 하지 않은 경우 결과

는 불 보듯 뻔하지 않은가? 갈등으로 관계가 나빠지거나 그대로 단절된다.

　사과는 일상적 의사소통의 표현법 중 하나지만 그 의미와 역할은 결코 만만하게 볼 게 아니다. 사과는 이제 학술적인 연구 주제이자 이론으로 정립되어 있을 정도다. 처음 사과의 학문적 틀을 정립한 것은 미국 매사추세츠대학의 정신과 교수 아론 라자르이다. 그는 천여 건이 넘는 사례를 분석해 진정한 의미의 사과 이론Apology theory을 정립했다.

　사과란 무엇일까. 사과는 자신의 과오를 인정하고 피해자에게 용서를 비는 것이다. 아론 라자르 교수는 여기에 학술적 의미를 부여해 사과는 잘못의 시인과 용서에 그치지 않고 갈등을 해소하는 열쇠가 된다고 했다.

　또한 사과는 나약함의 상징으로 보이지만 실제로는 담대한 힘을 필요로 한다고 주장했다. 그에 따르면 진정성 있는 사과를 하기 위해선 '인정, 후회, 해명, 배상'의 4단계를 거쳐야 하는데 이 과정을 거치고 나며 인간관계가 치유된다는 것이다.

　그렇다면 어떤 말로 사과를 해야 효과적일까? 이에 대해서는 미국 오하이오 주립대학 경영학과 로이 르위키 교수의 연구 결과를 참고할 수 있다. 그는 피험자 755명을 대상으로 실험한 결과 사과문에는 다음 여섯 가지 요소가 필요함을 밝혀냈다. 이 여섯 가지를 많이 포함할수록 상대가 용서할 확률이 높게 나왔다.

1. 후회 표시
2. 무엇이 잘못이었는지에 대한 설명
3. 책임에 대한 인정
4. 재발 방지 약속
5. 보상 또는 보완책 제시
6. 용서 구함

이 가운데 가장 큰 효과를 보이는 건 3번 '책임에 대한 인정'이다. 잘못을 진정성 있게 시인하는 것을 가장 중요하게 여기기 때문이다. 두 번째로 높은 효과를 보이는 건 5번으로, 실질적인 보상책을 마련해주길 바라기 때문이다. 세 번째로는 1번, 2번, 4번이 뽑혔다. 가장 낮은 효과를 내는 건 6번이었으며 "용서해달라"는 말은 구차함을 내포해 그다지 효과가 없었다.

본의에 의해서든 부주의한 실수에 의해서든 남에게 피해를 줬을 때는 명확하게 사과를 해야 한다. 이때 다음과 같은 사과의 말이 효과적이다.

- "전적으로 제 책임입니다. 입이 열 개라도 할 말이 없습니다."

  → 3. 책임에 대한 인정

- "경제적인 피해뿐만 아니라 정신적 피해까지 신경 써서 꼭 보상해드리겠습니다." → 5. 보상 또는 보완책 제시

- "저의 행동을 진심으로 후회하고 있습니다."

  → 1. 후회 표시

- "이런 일이 생기게 된 상황을 사실대로 말씀드리겠습니다."

  → 2. 무엇이 잘못되었는지에 대한 설명

- "앞으로는 절대 이런 일이 재발하지 않도록 철저히 유의하겠습니다."

  → 4. 재발 방지 약속

- "제발 이번만 용서해주십시오."

  → 6. 용서 구함

우리는 누구나 실수를 하고 잘못을 저지른다. 중요한 건 그 후에 어떤 태도를 취했느냐 하는 점이다. 실수를 인정하고 사과하는 것은 절대 나약한 행위가 아니다. 자기 실수를 인정하고 책임지는 태도야말로 성숙하고 용기 있는 사람이 취할 자세임을 기억하도록 하자.

3

"어제 싸우고,
오늘 대뜸 손 내미는 당신이 싫다."

가랑비에 옷 젖듯이 화해하는 법

_ 감각순응 효과

"화해의 제스처를 보냈는데도 상대가 전혀 반응하지 않아요."
"서로 잘 지내보자는 말을 했더니 내가 필요해서 하는 말 아니냐고 더 화를 내더라고요."

안 좋은 일로 크게 틀어진 관계는 원상태로 돌아가기가 쉽지 않다. 이럴 땐 상대의 비위를 맞추려는 말들이 도움이 되기는커녕 오히려 더 큰 오해를 낳기도 한다. 왜일까? 상대방의 분한 감정이 풀어지지 않았기 때문이다.

빨리 화해하고 잘해보자 싶은 마음에 급하게 덤벼들었다가는 오히려 역효과가 난다. 내 마음의 속도에 맞춰 상대도 어서 마음을 바꾸길 바라는 조바심, 그것은 독이 될 뿐이다.

이럴 때는 무조건 시간이 필요하다. 여유를 갖고 점진적으로 접근해야 한다. 그러면 상대는 화해를 하고 있는지 아닌지도 알아차리지 못한 채 어느 순간 거부감 없이 화해를 하게 된다.

이는 감각순응 효과Sensory Adaptation effect로 설명할 수 있다. 일정한 크기의 자극을 지속적으로 받으면 감각기능이 떨어져 더 큰 자극을 주기 전까지 자극을 느끼는 못하는 현상을 말하는데, 우리 모두 일상에서 이 현상을 자주 경험한다.

목욕탕에 갔을 때를 떠올려보자. 온탕에 처음 발을 담그면 화들짝 놀랄 만큼 물이 뜨겁지만, 조금 지나면 아무렇지 않다. 맛있는 음식을 먹을 때도 마찬가지다. 처음에는 음식 냄새가 진동하지만 식사를 하다 보면 그 냄새에 익숙해지고 만다.

한번은 20여 년 만에 고등학교 동창을 만났다. 카페에서 동창의 얼굴을 본 순간 나도 모르게 한숨 섞인 탄식이 나왔다. 친구 얼굴에서 세월의 흔적이 고스란히 느껴졌기 때문이다.

"친구야, 너무 변했다. 예전의 네 얼굴 어디 갔니?"

당황한 친구는 눈을 몇 번 껌뻑이더니 입을 열었다.

"너는 어떻고? 사돈 남 말하니?"

"뭐? 내가 어때서? 나는 체중도 얼굴도 그대로거든."

"애 정말 웃기네. 너 거울도 안 보고 사나보다?"

이날 나는 두 가지 실수를 했다. 하나는 보자마자 친구의 기분을 상하게 하는 말을 한 것이고, 다른 하나는 내 얼굴이 변해가는 걸 알아차리지 못한 것이다. 거울을 안 보고 산 것도 아닌데, 내 얼굴이 변해가는 걸 모르는 이유는 감각순응 효과 때문이었다. 매일 보는 얼굴이라 서서히 변해가는 걸 느낄 수 없는 것이다. 이렇듯 사소한 변화가 긴 시간 동안 진행되면 감각으로 인지하는 게 어렵다.

관계가 틀어진 상대와 화해를 시도할 때 이 원리를 활용할 수 있다. 오랜 시간에 걸쳐 천천히, 조금씩 화해의 제스처와 말을 전해보자. 직장 동료와 심하게 다투었다면, 다음 날 바로 화해하려고 무리해선 안 된다. 대신 회사에 좋은 일이 있다며, 무심코 소식을 전하는 척하며 은근슬쩍 접근해보는 것이다.

"자네에게 좋은 소식 있더라고. 우연히 들었어."

그러곤 아무렇지 않은 듯 제자리로 가면 된다. 다른 방법도 있다. 그 동료를 포함해 회사 동료들과 식사할 기회가 있다면 이렇게 말해보자.

"밥은 역시 여럿이 먹어야 맛있어."

이번에도 별 뜻 없다는 듯 시크하게 말을 끝내는 게 좋다. 이런 식으로 서서히 화해의 제스처를 취하면, 동료는 화해 시도를 눈치 채지 못한다. 하지만 가랑비에 옷이 젖듯 긍정적 시그널이 쌓이고 쌓여 어느 순간 화해를 하게 된다.

4

"팀장님은 왜 심판만 하시나요?"

나만 옳고 남은 틀리다고 말하는 이유

_갓 콤플렉스

"네 생각은 틀렸어. 내 말이 맞아."

"쓸데없는 얘기하지 말고, 내가 시키는 대로 해."

"그 일에 대해 나보다 잘 아는 사람 있어?"

이런 식으로 상대의 말문을 막고, 대화를 끊어버리는 사람이 있다. 이들은 다른 사람의 의견을 듣고 생각의 차이를 좁히려는 노력을 하지 않는다. 일방적으로 상대를 심판하고는 소통의 문을 닫아버리는 것이다.

　의외로 우리 주위에는 이 같은 유형의 사람이 많다. 특히 이런 사람이 리더를 맡는 경우 심각한 문제가 생기는데, 그 조직은 마치 동맥경화가 온 듯 피가 통하지 않는다. 조직 내 커뮤니케이션의 장애물이나 마찬가지인 셈. 궁금하다. 이들은 왜 남을 심판하기만 하고 수평적 의사소통을 하지 않는 걸까? 왜 그럴까?

　이는 갓 콤플렉스God complex로 설명할 수 있다. 본인이 의식하든 의식하지 못하든 스스로를 우월한 존재라고 여겨 자신의 판단은 다른 사람의 판단보다 항상 옳다고 믿는다. 갓 콤플렉스는 심리학자 어니스트 존스의『응용 정신 분석학 에세이 Essays in Applied Psycho-Analysis』에서 처음 사용된 말로, 자신을 신과 같은 우월한 존재로 여기기 때문에 생기는 현상이다. 이들에겐 자기 판단에 허점이 있을 수 없으며 오로지 타인의 오류와 부족함이 있을 뿐이다.

　갓 콤플렉스는 부부 사이에서도 종종 발견된다. 남편이 나이가 많고, 이른바 사회적 스펙이 더 좋은 경우 더욱 심하다. 보통 대화는 이런 식이다.

"당신이 뭘 안다고 그래."

"집에서 하는 일이 뭐가 있다고… 게을러 터져서 살이나 찌고 말이야."

"내가 시킨 대로 하면 될걸, 왜 말을 안 들어."

상대에 대한 존중과 배려는 눈곱만큼도 찾아볼 수 없는 말이다. 이런 폭력적인 대화가 반복되면 부부 사이에 감정의 골이 깊어지는 건 당연지사다.

회사에서도 마찬가지. 팀장이나 임원, 회사 대표가 이렇게 말하는 유형인 경우가 있다. 이들은 독선적으로 말하고, 마이크 앞에만 서면 일장 훈시를 쏟아낸다. 이렇게 해야 바람직하다는 둥, 이런 사람이 되지 말라는 둥, 온갖 지적과 가르침이 난무한다. 다른 사람에게 발언권이 돌아갈 리 없다.

이들은 대체로 거만하고, 다른 사람을 경시하며, 자신에 대한 비판을 결코 용납하지 않는 특징을 갖고 있다. 이런 리더 밑에서 일하는 조직원들은 기가 죽는다. 창의적이고 건설적인 의견 개진은 꿈도 꾸지 못할 뿐 아니라, 어느새 리더 맞춤으로 조직이 돌아간다.

구성원이 신나서 자발적으로 일하기는커녕 리더 눈치나 보는 조직이 잘될 리 있을까? 답은 뻔하다. 이런 조직은 얼마 못 가 도태된다.

남의 일이라고 치부하지 말자. 혹시 내가 부지불식간에 그런 증상을 보이고 있지는 않은지 경계하고 체크할 필요가 있다. 그럼 갓 콤플렉스를 피하려면 어떻게 해야 할까? 가장 좋은 방법은 '역지사지'의 자세로 대화를 하는 것이다.

부부 사이에서는 이렇게 대화를 해보자.

"당신 입장에서 보면 그렇게 생각할 수도 있겠네."

"요즘 집안일에, 애들 교육에 정신없이 바빠서 운동할 시간도 없었지?"

만일 당신이 팀장이고 팀원과 회의를 한다면 이렇게 말해보는 것도 좋다.

"내 생각이 항상 맞는 건 아니니까, 좋은 의견이 있다면 언제든지 말해주세요."

"미처 생각 못한 부분인데, 아주 좋은 아이디어야."

강당에서 이야기하는 임원이나 대표라면 조직원들에게 이렇게 말하자.

"저도 여러분과 똑같은 사람입니다. 실수하거나 판단 착오가 있을 수 있지요. 그래서 항상 수평적 대화의 창을 열어놓으려 합니다. 회사의 발전을 위해 여러분이 도와주십시오."

5

"안녕하세요. 좋은 아침입니다!"

관계가 나쁠수록 먼저 인사하라
_상호성의 법칙

사람 간의 관계가 늘 좋을 수는 없다. 평화로운 관계도 어쩌다 좋지 않은 일에 얽혀 사이가 틀어지는 경우가 생긴다. 도대체 어디서부터 어떻게 매듭을 풀어야 할지 깜깜할 것이다. 무엇부터 시작하면 좋을까?

어쩌면 답은 굉장히 단순할 수 있다. 해법은 늘 가까운 곳에 있다. 인사다. 늘 해오던 인사를 평소처럼 하면 된다. 그런데 일단 관계가 틀어지면 사람들은 이렇게 생각한다.

"사이도 안 좋은데 어떻게 인사를 해?"

"내가 먼저 인사하면 나를 만만하게 보지 않겠어?"

그리고 이런 생각도 한다.

"나이 많은 내가 왜 먼저… 나이 어린 사람이 먼저 인사를 해야지."

"후배가 먼저 인사를 하는 게 맞지 않나? 그게 순리지."

먼저 인사를 할까 하다가도 이런 권위주의적인 사고 때문에 머뭇거리곤 한다. 인사는 누가 먼저 하라는 법이 없다. 그런데도 사람들은 으레 아랫사람이 먼저 해야 하는 것으로 생각한다. 이 때문에 아랫사람은 인사 스트레스를 받게 되어 더더욱 관계가 껄끄러워진다.

서울대 심리학과 곽금주 교수는 오히려 상급자가 먼저 인사를 할 때 인사를 잘 받을 수 있다고 말한다.

"일상에서 나타나는 권위주의의 한 단면입니다. 먼저 인사를 하면 자신이 우습게 보인다는 편견에 사로잡힌 거죠. 오히려 상급자가 먼저 인사를 하면 긍정적 모방 효과를 기대할 수 있습니다."

이는 상호성의 법칙The Law of reciprocality이다. 쉬운 말로 '가는 정이 있어야 오는 정이 있다'는 의미다. 한쪽은 받기만 하고 한쪽은 주기만 해서는 결코 좋은 관계를 맺을 수 없다. 위아래가 뭐가 중요한가. 먼저 호의를 베푸는 자세가 중요하다.

1971년 코넬대학교 심리학자 데니스 리건 교수는 학생들을 두 팀으로 나누어 심리 실험을 진행했다. 첫 번째 팀에게는 공짜 콜라를 권하면서 다음처럼 부탁한다.

"실험을 마친 후에 1장에 25센트 하는 복권을 사주세요."

두 번째 팀에게는 공짜 콜라를 주지 않고 같은 부탁을 한다. 실험 결과, 공짜 콜라를 받은 첫 번째 팀이 아무것도 받지 않은 두 번째 팀에 비해 2배 이상 많은 복권을 사주었다. 콜라는 10센트, 복권은 25센트. 본인이 손해를 보면서도 복권을 사준 것이다. 사소한 호의의 힘이 생각보다 크다는 사실을 확인할 수 있다.

미국의 한 종교단체는 상호성의 법칙을 활용해 많은 기부금을 모으는 데 성공했다. 이들은 공항에 나가 여행객들에게 작은 꽃다발을 선물하며 이렇게 말했다.

"이 꽃은 우리의 마음을 담은 선물입니다."

그런 다음 기부금을 요청하자 그렇게 하지 않았을 때보다 여행객들의 기부금이 크게 늘었다고 한다.

인사도 다를 바 없다. 나이와 직급을 떠나 먼저 건네고, 먼저 내밀어라. 단 먼저 인사를 건네되 다음 네 가지를 유념해야 한다.

첫째, 상대방이 무시해도 계속 인사를 하자.

"내가 왜 그렇게까지 해야 하죠?" 상대가 받아주지 않아도 계속 인사를 하라니, 이해가 안 될지 모르겠다. 오기를 부리자는 얘기가 아니다. 사이가 틀어졌다면 상대방은 바로 인사에 응하기 힘들다. 당황스럽기도 할 것이고, '이 사람 왜 이러지?' 또는 '내가 착각했나?' 하는 생각도 든다. 하지만 다음 날에도, 그 다음 날에도 일관되게 인사를 건네면 상대방도 마음이 풀어져 온전히 인사를 받아들이게 된다.

둘째, 인삿말은 끝까지 또박또박하게 말하자.

민망한 마음에 말끝을 흐리며 인사를 건네는 건 아무 소용이 없다. 상대가 제대로 알아들을 수 있게끔 또박또박 힘차게 인사를 건네야 확실하게 뜻이 전달된다.

　셋째, 격식을 갖출 때는 허리를 굽히자.

　목례만으로는 부족하다. 지금은 분명 사이가 좋지 않지 않고, 당신에게는 관계를 회복하겠다는 확실한 목표가 있지 않은가. 예의를 갖춰 허리를 굽혀 인사하는 것이 당연하다. 처음엔 인사를 받는 둥 마는 둥 하겠지만 어느 날부터는 상대도 똑같이 허리를 굽혀 인사를 해올 것이다.

　넷째, 얼굴에 미소를 잃지 말자.

　딱딱하게 굳은 얼굴로 인사를 할 바에야 하지 않는 것이 낫다. "좋은 아침입니다." 밝은 미소로 먼저 건네는 인사의 힘이 얼마나 큰지 한번이라도 경험해본 적이 있다면 이 조언을 기꺼이 따르게 될 것이다.

　사이가 좋을 때에도 인사를 나누는 게 쉽지 않다. 그런데 관계가 틀어졌을 때는 오죽 어렵겠는가. 하지만 다시 안 볼 사이가 아니라면 어떻게든 노력해야 한다. 관계 회복에 인사만큼 간단하고 확실한 방법이 없음을 기억하자.

6

"그럴 줄 몰랐어?
난 다 알았는데 말이야."

단 한마디로 관계를 끝장내는 말습관

_사후과잉 확신편향

"네가 기어코 이 사단을 낼 줄 알았다."

"왜 놀라니? 걔 그렇게 될 줄 몰랐어? 나는 다 알았는데 말이야."

"이렇게 되는 건 뻔할 뻔자 아니겠어요?"

안 좋은 일이 생길 때면 꼭 나서서 이런 말을 하는 사람들이 있다. 대표적으로 자녀를 키우는 부모들이 그렇다. 아이들은 자라는 과정에서 다치기도 하고, 크고 작은 실수를 하게 마련이다. 그런 과정을 거쳐 성장해가는 것이기 때문이다.

그런데 아이가 작은 실수를 할 경우, "내 언젠가 너는 일을 저지를 줄 알았어"라는 식으로 혀를 끌끌 차며 무안을 주거나 부정적인 단정을 하는 부모들이 많다.

많은 부모들이 자기 자식이니까, 하나에서 열까지 다 알고 있다는 식의 태도를 보인다. 아이가 저지를 행동이나 실수까지도 꿰뚫고 있다는 식으로 말이다. 하지만 이는 크나큰 착각이다. 부모들의 이런 착각은 사후과잉 확신편향Hindsight bias에서 비롯된다.

사후과잉 확신편향은 어떤 일의 결과를 알고 난 후 마치 처음부터 그 일의 결과를 알았던 것처럼 믿게 되는 경향이다. 일명 '그럴 줄 알았어 효과Knew-it-all-along effect'로 알려져 있다.

이 현상에 처음 주목한 사람은 미국의 심리학자 바루크 피쇼프이다. 그는 한 세미나에서 내과 의사들이 특정 사례에 대해 이구동성으로 이렇게 말하는 것을 들었다.

"이 환자에게는 당뇨 합병증이 생길 수밖에 없습니다. 전 이럴 줄 알고 있었습니다."

"저도 그렇습니다. 여러 가지 정황으로 볼 때 이 환자에게 당뇨 합병증이 생기는 건 당연합니다."

다들 당뇨 합병증의 결과를 놓고, 그런 결과가 나올 걸 이미 알고 있었다는 듯 자신 있게 말했다. 그걸 예상하지 못했다고 말하는 의사는 없었다. 그래야 의사로서 권위가 서는 듯했다. 그런데 그가 보기에 그들의 의견에는 비과학적인 요소가 있어 보였다.

'다들 결과를 놓고 그런 결과가 나올 수밖에 없다고 꿰어 맞추잖아. 그런 결과가 있기 전에는 아무도 그런 결과를 예상하지 못했으면서 말이야.'

이 일을 계기로 피쇼프는 베이스와 공동으로 실험을 했다. 1972년 닉슨이 중국 방문을 앞두고 있을 때, 피험자들에게 닉슨의 중국 방문이 어떤 결과를 가져올지 의견을 물었다. 그러자 대부분 결과를 부정적으로 보았다. 하지만 현실은 달랐다. 닉슨과 마오쩌둥의 만남이 성사되고 회담이 성공적으로 이루어져 양국은 적대 관계를 청산하기로 했다. 이 사실은 대대적으로 방송을 탔다.

틀어진 관계를 바로잡는 심리 대화법

이들은 또다시 동일한 피험자들에게 회의 결과를 어떻게 예측했는지 물었다. 그러자 대다수가 회의 결과를 긍정적으로 보았다. 회의 결과를 부정적으로 보았던 이들조차 언제 그랬냐는 듯 이렇게 말했다.

"성공할 줄 알았다니까요. 그럴 조짐이 보였잖아요."

피쇼프와 베이스는 이 실험을 통해 사람들은 결과에 대해 '이미 그럴 줄 알았다'고 생각하는 경향이 있음을 밝혀냈다. 실제는 그렇게 예측하지 않았음에도 말이다.

이런 사후과잉 확신편향은 자신이 모든 걸 안다는 오만한 태도를 가져오기 때문에 특히나 조심해야 한다. 앞에서도 얘기했지만 부모라면 더욱 그렇다. 자녀가 실망스런 행동을 할 때 이미 그럴 줄 알았다는 식으로 얘기하는 순간, 아이와의 대화는 단절된다고 봐야 한다. 아이가 평소 게임에 정신이 팔려 있다가 중간고사 시험에서 성적이 크게 떨어졌을 때를 상상해보자.

"네가 게임에 정신 팔려 있을 때부터 이렇게 될 줄 알았다. 그따위 정신 상태로 성적이 안 떨어지면 이상하지."

이런 말을 들은 아이는 어떨까? 자존감이 떨어지고, 동시에 대꾸할 말을 잃는다. 당연히 부모와의 관계는 점점 멀어진다. 물론 아이의 성적이 떨어지면 화가 날 것이다. 하지만 마음을 추슬러야 한다. 부정적인 낙인을 찍는 대신 이렇게 말해보자.

"이번에 성적이 좀 떨어졌네. 동윤이 생각에는 왜 그런 것 같아? 앞으로 어떻게 하면 좋을지 같이 얘기 좀 해보자."

실수가 잦은 팀원이나 신입사원도 마찬가지다. 부정적인 낙인을 찍지 말고, 이렇게 말해보자.

"실수가 좀 있었네요. 이 일을 계기로 다음번에는 좀더 신중하게 처리합시다."

사후과잉 혁신편향에 찬 말은 부모자식, 팀장팀원 같은 상하관계가 아닌 일상의 관계에서도 흔하게 나타난다. 취업을 준비하는 애인이 면접에서 떨어졌을 때, 평소 싫어하던 동료가 불행한 일을 당했을 때 등. "그럴 줄 알았어." 그 말을 내뱉는 순간 말하는 사람은 우월감을 느낄지도 모르나 그것만은 확실하게 알아둬야 한다. 무심코 던지는 그 한마디는 당사자의 가슴에 비수가 되어 꽂히고 당신과의 관계는 순식간에 추락한다는 것을.

7

"내가 예전에는 말이야."

귀여운 허풍 너그럽게 맞장구쳐주기

_과신 효과

"내가 사진은 좀 찍지."

"그거라면 내게 맡겨. 나 잘해."

"술은 날 따라올 사람이 없을걸."

한번쯤 우리가 했던 말이고, 자주 듣는 말이다. 사람들은 자기 자신을 실제보다 더 높게 포장하여 내보이는 경향이 있다. 아슬아슬하게 턱걸이로 합격한 취준생은 합격하고도 남을 점수였다고 말한다. 남편은 아내에게 운전을 가르쳐주면서 세상 최고의 베스트드라이버인양 으스댄다. 그뿐인가. 모든 부모들은 학교 다니던 시절에 우등생이었다고 말하지 않던가.

그렇다면 이들은 나쁜 거짓말쟁이인 걸까? 그렇지 않다. 겸손하지 않아서? 거짓말쟁이여서? 그런 문제가 아니다. 정도의 차이는 있지만 사람은 누구나 자신을 높게 평가하려는 속성을 갖고 있다.

"예전에 사진 좀 찍었다더니 거짓말 아냐? 내가 보니까 영 별로던데, 왜 자꾸 허풍을 떨어?"

"요리 잘한다더니 칼질이 왜 이렇게 서툰 거야. 음식도 맛없을 거 같은데…."

사사건건 이렇게 대응하고 나서는 사람이 있다. 언뜻 보아서는 정의로워 보이거나 똑똑해 보일지 모르지만 실상은 그렇지 않다. 소소한 자기 과장을 굳이 인성의 문제로 걸고넘어질 필요도 없고, 팩트를 따지고 들 필요도 없다. 왜 그럴까.

자신의 능력을 평균보다 과대평가하려는 경향을 과신 효과Overconfidence effect라 하는데, 흔히 워비곤 호수 효과Lake

틀어진 관계를 바로잡는 심리 대화법

Wobegon effect라 불린다. 1970년대에 미국의 작가 케일러는 자신이 진행하는 라디오 프로그램에서 '워비곤 호수'라는 가상의 마을 소식을 전했다. 이 마을 사람들은 '평균 이상으로 힘이 세고, 잘생기고, 똑똑했으며 대단히 낙천적'이라는 설정이었다.

심리학자 토마스 길로비치는 자신을 평균보다 높다고 생각하는 경향으로 '워비곤 호수 효과'를 언급하면서 과신 경향이 인간의 보편적인 심리임을 밝혀냈다. 1977년 그는 미국의 한 고등학교 학생들을 대상으로 설문조사를 했다. 그 결과 학생의 70퍼센트가 자신의 리더십이 평균 이상이라고 답했으며, 학생의 100퍼센트는 자신의 친화력이 평균 이상이라고 답했다.

중소 기업인을 대상으로 한 대니얼 카너먼의 연구도 비슷한 결과를 보여준다. 카너먼은 이런 질문을 던졌다.

"당신의 회사가 성공할 확률이 몇 퍼센트라고 생각합니까?"

이 질문에 기업 대표의 81퍼센트가 자신의 성공 확률이 70퍼센트가 넘는다고 했으며, 이 가운데 일부는 실패 확률이 0퍼센트라고 답했다.

그런데 현실은 이와 전혀 달랐다. 미국 중소기업의 5년 생존율은 35퍼센트에 불과했다. 그렇다면 대답을 한 이들 중 상당

수가 현실을 인지하지 못하고 성공에 대한 과신을 한 셈이다. 이처럼 자신을 실제보다 과신하는 경향은 보편적인 현상이다.

그러니 병적인 수준의 거짓말을 하거나 누군가에게 피해를 주는 상황이 아니라면, 가까운 이들의 허풍은 살짝 눈감아주도록 하자. 깍쟁이처럼 사실 여부를 하나하나 따지려 들거나, 과장된 내용을 일일이 지적하면 누가 당신과 편하게 사담을 나누려 하겠는가. 그 누구와도 원만한 관계를 맺기 힘들다.

가슴에 손을 얹고 생각해보자. 당신은 자신을 과대평가하거나 과신하는 경향이 정말 없는가? 사람들 앞에서 약간의 허풍을 떨었던 적이 단 한 번도 없었나? 분명 어떤 부분에서는 당신 역시 자신을 과대평가하는 경향이 있을 것이다. 그리고 때론 그런 면이 우리가 자신감을 잃지 않고 당당하게 살아가는 데 도움을 주기도 한다.

"이번 신사업은 걱정 마. 내가 지난 프로젝트에서 크게 한 건 했잖아."

"와, 그럼 저는 무조건 팀장님만 믿고 따라가겠습니다!"

"여기 좀 별론데. 내가 이것보다 더 맛있게 만들 수 있어."

"그래? 그럼 다음에 꼭 한 번 먹게 해줘야 돼. 기대할게."

이런 대화는 아부가 아니다. 센스고 아량이다. 대화의 기술이라는 게 실상 대단한 게 아니다. 이렇게 웃어주고 받아주고 상대를 배려하는 것임을 잊지 않도록 하자.

8

"잘나가는 친구 때문에 제가 불행해요."

비교하는 말투만 없애도 자존감이 살아난다

_이웃 효과

강사 일을 시작할 때 사귄 친구가 있다. 나와 마찬가지로 그녀도 전업주부에서 탈출해 강사로 제2의 인생을 펼치고 있었다. 그런데 그녀는 시작부터 남달랐다. 스튜어디스 출신이다 보니 외모도 출중하고 언변도 뛰어났다. 그녀를 원하는 곳이 하루가 다르게 늘었다. 당시 나는 지방에서 한 달에 강의 몇 건을 할까 말까한 상태였고, 초반에는 강의에 대한 호응도 그리 좋지 않아 늘 불안했다.

시간이 지나면서 그녀를 만나는 게 왠지 어색해졌다. 나도 모르게 이런 말이 종종 튀어나왔다.

"넌 이제 스타 강사 다 됐네. 근데 나는 이게 뭐야."

"역시 나랑 다르다. 날씬해서 그런지 옷태도 정말 이쁘네."

그 친구를 만나면 나도 모르게 매번 비교하는 말을 하고 있었다. 나는 점점 더 내 처지를 불평하게 됐고, 어느 순간부터는 만남 자체를 꺼리게 됐다. 시간이 흘러 지금은 나 역시 사람들이 말하는 이른바 스타 강사가 되었다. 하지만 그때 당시 나는 끊임없이 그녀와 나를 비교하고, 그것을 말로 규정함으로써 스스로 행복을 갉아먹었다.

이는 이웃 효과Neighbor effect로 설명할 수 있다. 이웃의 재산, 소비 수준, 사회적 지위 등에 비추어 자신을 평가하는 경향을 말한다. 일명 '존스네 따라 하기Keeping up with the Joneses'다.

미국의 시사만화 「존스네 따라 하기」에는 사람들의 비교 심리를 꼬집는 이야기가 나온다. 자동차 없이도 멀쩡하게 잘 살던 사람이 존스네가 자동차를 사면 상대적 박탈감이 생겨 자신도 자동차를 사게 된다. 존스네가 중형차로 바꾸면 자신들도 중형차로 바꿔야 직성이 풀린다. 이렇듯 이웃들은 존스네가 하는 걸 따라 하지 못하면 박탈감이 들고 왠지 불안해졌다.

폴 크루그먼은 노벨 경제학상을 수상한 세계적인 경제학자로 학문적 업적, 사회적 명망, 경제 소득 등 어느 면에서도 남부러울 게 없는 사람이다. 그런 사람이라면 당연히 행복할 것처럼 보인다. 하지만 실제로 그는 불행하다고 말하면서 그 이유를 이렇게 밝혔다.

"나의 정서적 준거 그룹은 내 세대의 가장 성공적인 경제학자들로 이루어져 있고, 나는 그 소수 안에 들어 있지 않습니다."

무슨 뜻일까. 그는 최고의 경제학자가 되었지만 자신의 이웃, 즉 세계적인 경제 석학들과 본인을 비교하기 때문에 스스로를 낮게 평가할 수밖에 없다는 얘기다. 그 결과 불행을 피할 수 없었다.

이처럼 사람들은 끊임없이 타인과 비교하려는 성향을 갖고 있다. 특히 관계가 먼 사람보다 가까운 이들과 비교하려는 경향이 더 크다. 하지만 비교를 하자고 덤벼들기 시작하면 한도 끝도 없다. 누군가보다 어떤 점에서는 반드시 부족할 수밖에 없으니 말이다. 이런 비교 성향은 사람이라면 피할 수 없는 본능이다. 하지만 이를 적절히 제어하지 못하면 불행을 초래하고, 관계 역시 파탄으로 이어진다.

저널리스트 헨리 루이스 멘켄은 "부자란 동서보다 돈을 많이 버는 사람"이라고 했다. 그만큼 가까이 있는 비교 대상보다 자신이 조금이라도 나아야 만족한다는 의미다. 여기에는 질투심이라는 것이 섞여 있게 마련. 그래서 누구보다 가까운 혈육이나 절친이 늘 경쟁의 대상이 되고, 먼 관계에 있는 사람보다 금이 가기 더 쉬운 법이기도 하다.

하지만 생각해보자. 남과 나를 끊임없이 비교하는 말을 해서 스스로에게 불행을 심어줄 필요가 있을까? 내게 없는 것을 가진 친구와 이웃을 시기하고 질투함으로써 관계를 망치는 게 정말 우리가 원하는 걸까?

자신의 말버릇을 한번 점검해보자. 무의식중에라도 남과 비교하는 말을 하고 있을지 모른다. 갖지 못한 건 잊고, 가진 것에 감사하는 마음을 가져보면 어떨까? 진정한 자신감과 행복은 우리가 가진 것에서 오는 게 아니라, 우리 마음에서 온다.

3장

YES를 끌어내는
심리 대화법

1

"제 말이 맞아요.
원장님도 그렇게 말씀하셨다니까요."

내 말에 힘을 실어줄 권위를 빌려오라

_ 권위의 법칙

아내가 남편에게 금연을 권하는 상황이다. A와 B 중 어느 쪽
이 더 효과적일까?

• A : "담배가 얼마나 몸에 안 좋은데⋯ 제발 담배 좀 끊어요.

　　　가장이면 아이들을 위해서라도 건강을 챙겨야지."

• B : "하버드대학 의과대학 교수들이 얼마 전 발표한 내용이래요.

　　　담배가 인체에 미치는 악영향이⋯."

로버트 치알디니에 따르면 효과적인 건 B다. 권위 있는 근거를 제시하면 그만큼 설득력이 커지기 때문이다. 이를 가리켜 '권위의 법칙The law of Authority'이라 부른다. 똑같은 메시지도 권위 있는 사람이 전하는 것과 그렇지 않은 사람이 전하는 것은 설득력 면에서 하늘과 땅만큼의 차이가 있다.

1955년 텍사스대학의 한 조교가 빨간 불일 때 횡단보도를 건너는 실험을 했다. 한 번은 정장 차림으로 무단횡단을 했고, 한 번은 캐주얼 차림으로 무단횡단을 했다. 어떤 차림으로 무단횡단을 했을 때 주변 사람들이 더 많이 따라 했을까? 정장 차림을 했을 때 그를 뒤따라 건넌 사람이, 캐주얼 차림을 했을 때 뒤따라 건넌 사람보다 무려 3.5배나 많았다. 권위 있는 차림새가 주는 효과다.

권위가 갖는 힘을 보여주는 실험은 또 있다. 미국의 심리학자 스탠리 밀그램이 발표한 '복종 실험' 역시 마찬가지 결과를 보여준다. 그는 '징벌에 관한 학습효과를 측정하는 실험'을 한다며 지원자를 모집했다. 지원자들은 교사 역할을 맡았고, 유리창 너머에 있는 학생들이 오답을 말할 때마다 전기 충격을 가하는 미션을 행했다. 그리고 그 방에는 명령을 내리는 관찰자가 함께했다.

이윽고 실험이 진행되었고, 학생들은 틀린 답을 내놓았다. 이때마다 연구자(관찰자)는 교사 역할을 하는 지원자에게 전기 충격의 강도를 높일 것을 요구했다. 이 실험의 결과는 어땠을까.

놀랍게도 지원자의 65퍼센트가 가장 높은 수준인 450볼트의 전기 충격을 가했다. 전기 충격의 강도가 높아지자 학생들이 살려달라며 비명을 질렀음에도 대다수 지원자가 전기 충격을 멈추지 않았다. 물론 전기 충격도 가짜고, 학생들의 비명도 가짜였지만 지원자들은 그 사실을 알지 못했다.

무엇이 실험 지원자들로 하여금 생명을 위협할 수준의 전기 충격을 가하게 만들었을까? 그들은 "연구자가 그만하라는 말을 하지 않았으니까요"라고 답했다. 이는 평범한 사람들이 권위자의 지시와 명령을 얼마나 맹목적으로 따르는지를 극명하게 보여준다. 심지어 부당하고 폭력적인 명령을 말이다.

로버트 치알디니는 인정된 권위자의 메시지는 주어진 상황에서 어떻게 행동할 것인지를 순간적으로 결정하게 만든다면서 이렇게 말했다.

"밀그램이 지적했듯이 권위자의 명령에 따르면 실제로 유익한 경우가 많습니다. 어린 시절에는 (부모나 교사처럼) 우리보다 더 똑똑한 권위자를 따르는 것이 확실히 유익합니다. 그들이 더 지혜로울 뿐 아니라, 우리에게 상벌을 매길 권한을 가졌기 때문이지요. 어른이 되면 권위자가 고용주나 판사, 정부 지도자 등으로 대체됩니다. 하지만 역시 같은 이유로 이런 권위자들을 따르는 것이 유익합니다. 권위자들은 사회적 지위 덕분에 더 많은 정보와 힘을 갖고 있으므로 그들의 요구에 따르는 것은 대체로 합리적입니다. 그런데 권위자에게 복종하는 것을 너무 당연시하다 보면, 전혀 합리적이지 않은 명령도 그대로 따르는 사태가 벌어지곤 하지요."

이런 이야기를 종합해보면 누군가를 설득하기 위해 권위의 법칙을 활용하는 것이 매우 효과적임을 알 수 있다. 그렇다고 해서 그릇되고 비합리적인 권위에 복종하라는 의미로 해석해선 곤란하다. 단지, 누군가를 설득할 때 권위에 복종하는 심리를 효율적으로 활용할 수 있다는 뜻이다.

"미국 매킨지 컨설팅 보고서에 따르면 이 마케팅 전략의 성공률이 무려 89퍼센트라고 합니다. 이 전략을 사용해 영업이익률이 전년 대비 35퍼센트나 올랐다고 하고요. 그러니 우리도 이 마케팅 전략을 실행해야 합니다."

"레드오션에서 제살 깎아먹기를 할 게 아니라 신시장을 개척해야 합니다. 블루오션 전략의 창시자 김위찬 교수에 따르면…."

"엄마, 이 책이 논술 준비하는 데 그렇게 유용하대요. 서울대 간 옆집 정란 언니 있죠? 그 언니도 이 책으로…."

무작정 자신의 입장과 경험을 주장하는 것으로는 상대의 호응을 얻기 힘들다. 이때 주장을 잘 포장하고, 논리적인 근거를 제시하면 도움이 된다. 그 분야 권위자의 말, 유명 기관의 연구 결과, 전문가의 저술, 이미 증명된 통계자료 등을 근거로 내세우면 그들의 권위와 신뢰성이 당신의 말에 힘을 실어준다. 당신의 논리를 지탱해줄 든든한 뒷배가 생기는 셈이다.

2

"연봉을 올려주시길 요청합니다.
왜냐하면 말입니다."

무의식중에 예스를 끌어내는 마법의 단어

_랭거의 실험

- A : "엄마, 장난감 사줘. 안 사주면 밥 안 먹을 거야."
- B : "엄마, 장난감 사줘. 왜냐하면 나한테는 그게 정말 필요하니까."

엄마에게 장난감을 사달라고 조르는 아이의 말 중 어떤 것이 더 효과적일까? 결정권은 부모에게 있으니 아이가 어떻게 말하든 큰 차이 없을 거라고 여기는가? 하지만 그렇지 않다.

B가 훨씬 더 효과적이다. 혹시 당신이 아이를 기르는 엄마라

YES를 끌어내는 심리 대화법

면 기억을 되살려보기 바란다. 아이가 '왜냐하면'이라는 말을 사용했을 때, 아이의 말이 더 논리적으로 느껴져 수긍한 일이 더 많지 않았는지를. 실제로 '왜냐하면'은 마법을 불러오는 설득의 단어라 할 정도로 강력한 효과를 발휘한다.

이는 '랭거의 실험Langer's experiment으로 설명할 수 있다. 하버드대학 심리학과 교수인 엘렌 랭거는 상대를 설득하기 위해서는 이유를 제시하는 게 효과적임을 밝혔다.

먼저 엘렌 랭거 교수의 연구팀은 도서관에서 복사를 하기 위해 줄을 선 사람을 대상으로 다음과 같은 실험을 했다. 먼저 줄을 선 사람들에게 낯선 사람을 접근시켜서 각기 다른 말을 하도록 했다.

첫 번째는 이렇게 말했다.

"실례합니다. 제가 다섯 장만 복사하려고 하는데, 먼저 복사해도 될까요?"

이렇게 부탁하자, 줄 선 사람들의 60퍼센트가 이에 응했다.

두 번째는 이렇게 말했다.

"복사기를 먼저 써도 될까요? 왜냐하면 급한 일이 생겨서 그렇습니다.”

이처럼 적절한 이유를 대며 부탁하자, 줄 선 사람들의 94퍼센트가 이에 응했다.

이 실험으로 ‘왜냐하면’의 효과는 매우 크다는 사실이 증명되었다. 연구는 더욱 흥미롭게 진행되었고, ‘왜냐하면’의 효과가 구체적으로 어느 정도인지를 알아보기로 했다. 이번에는 줄 선 사람들에게 ‘왜냐하면’이라고 말을 하되, 그다음 동어반복적인 무의미한 말을 하도록 시켰다.

낯선 사람이 복사기 앞에 줄 선 사람들에게 이렇게 말했다.

“제가 복사기를 먼저 써도 될까요? 왜냐하면 제가 복사를 해야 하니까요.”

사람들 반응은 어땠을까? 웬 말장난이냐며 화를 냈을까? 놀랍게도 줄 선 사람들의 93퍼센트가 이 요청에 응했다. 이 신기한 현상을 어떻게 이해할 수 있을까? 『설득의 심리학』의 로버드 치알디니는 그 이유를 이렇게 설명한다.

“복사기 실험은 ‘왜냐하면’이라는 한 단어가 가진 독특한 동기부여 효과를 입증해준다. 이 단어가 설득력을 얻는 까닭은 '왜냐하면'과 그다음에 따라오는 합당한 이유 사이에, 우리가 살아오면서 지속적으로 강화된 연상관계가 존재하기 때문이다."

사람들은 '왜냐하면' 다음에는 합당한 이유가 언급된다는 걸 알고 있다. 어린아이부터 청소년, 어른 할 것 없이 '왜냐하면'이라는 말이 나오면 자동적으로 그 뒤에 이유가 따라온다는 걸 경험해왔다. 따라서 사람들은 '왜냐하면'이라는 말만 들어도 자동적으로 '예스'라고 해버리는 것이다.

누군가에게 어려운 부탁을 하거나, 연봉 협상을 할 때 '왜냐하면'을 써먹어보자. 가령 낯선 사람에게 주차 양보를 부탁하는 상황이라면 이렇게 말해보자.

"부탁드릴 게 있는데 차 좀 빼주세요. 왜냐하면 제가 급한 일이 생겨서 당장 여기 차를 대야 하거든요."

자, 당신은 연봉 협상을 하고 있다. 설마 "제발 연봉 좀 올려주세요. 저 열심히 일했거든요"라고 말하려는 건가? 그런 말은 사장님 귀에 전혀 와 닿지 않는다. 대신 이렇게 말해보면 어떨까.

"연봉을 올려주셨으면 합니다. 왜냐하면 저는 그만큼 열심히 일했고, 그런 대우를 받을 자격이 있기 때문입니다."

아주 합당한 이야기를 하고 있다는 착각에 상대를 빠뜨려버리는 '왜냐하면'은 '예스'를 불러오는 마법의 단어다. 무작정 강요하거나 대뜸 부탁하지 말고 '예스'가 나올 수밖에 없도록 만들자.

3

"느낌이 좋아.
이번엔 너, 꼭 될 거 같아!"

따뜻한 말 한마디의 힘

_플라시보 효과

"엄마 손은 약~손~."

신기하게도 엄마가 이 말을 하면서 아픈 배를 쓱쓱 문질러 주면 언제 그랬냐는 듯 고통이 싹 사라진 경험이 있을 것이다. 여기에는 대체 어떤 마법이 있는 걸까? 단지 우연인 걸까? 아니면 착각인 걸까?

엄마 손이 약손이 되는 데는 의학적인 메커니즘이 있다. 바로 '플라시보 효과 Placebo effect'다. 환자에게 아무런 효과가 없는 가짜 약을 진짜 약이라고 속여 먹이면 실제로 병세가 호전되는 현상을 가리켜 플라시보 효과, 즉 '위약효과'라고 말한다.

1957년 심리학자 브루노 클로퍼가 그 효과에 대한 보고서를 발표했다. 한 병원에서 말기 임파선 암에 걸린 환자가 죽음을 기다리고 있었다. 이때, 암에 좋은 신약이 개발되었다는 뉴스가 나왔고, 방송과 신문에서는 이렇게 대서특필했다.

"이제 암은 정복되었습니다. 암은 감기나 마찬가지입니다!"

병상에 누워 뉴스를 보던 말기 임파선 환자 역시 이 소식을 접했다. 힘없이 실눈을 뜬 채 뉴스를 보던 그의 가슴이 뛰기 시작했다. 하지만 의사들은 그 신약의 효과가 과장되었음을 알고 있었고, 이 환자에게 그다지 효과가 없을 거라 판단했다. 하지만 지푸라기라도 잡는 심정으로 신약을 투여했다. 그러곤 환자에게 이렇게 말했다.

"이 신약 잘 아시죠? 방송에 나온 그 약입니다. 이 약으로 치료를 해보겠습니다."

의사들은 별다른 기대감 없이 약을 투여했다. 그런데 며칠이 흐른 후, 의사들은 깜짝 놀랐다.

YES를 끌어내는 심리 대화법

"이건 기적이야. 암이 이렇게 줄어들 수 있다니."

환자의 상태가 급속도로 호전된 걸 확인한 의사들은 신약이 보여준 놀라운 효과를 믿을 수 없었다. 그리고 며칠 후, TV에서 신약에 대한 정정 뉴스가 나왔다.

"이 신약에 대한 효과는 과장되었습니다. 실제로 큰 효과가 없는 것으로 밝혀졌습니다."

환자 역시 이 소식을 접했다. 그러자 놀라운 일은 또 일어났다. 이때부터 환자의 병세가 악화되기 시작한 것이다. 이후 브루노 클로퍼는 환자의 기대에 따라 병세가 달라질 수 있음을 연구를 통해 밝혀냈다.

재미있게도 플라시보 효과는 특히 정치에서 자주 활용된다. 정치인이 온갖 화려한 수사법을 활용해 자신을 실제와 다른 모습으로 포장하는 것을 플라시보 정치Placebo politics, 즉 '유사 정치'라고 한다. 대표적으로 미국 로널드 레이건 대통령을 들 수 있다. 그는 교육 예산을 줄이는 정책을 추진했지만, 학교에 찾아가서는 교사와 학생들과 다정하게 대화를 나누며 이렇게 말했다.

웃으면서 할 말 다하는 사람들의 비밀

"불편한 점이 있으면 무엇이든 말하세요. 내가 앞장서서 학교 문제를 해결하겠습니다."

교육을 위해 고심하고 노력하는 정치인 이미지를 만들어낸 것이다.

플라시보 효과는 회사 내에서도 활용 가능하다. 상사가 부하 직원에게 혹은 부하 직원이 상사에게 어려운 제안을 해야 한다면, 구구한 설명이나 변명 대신 플라시보 효과를 활용해보자. 확고한 자신감으로 무장한 뒤 상대가 기대 심리를 품을 수 있도록 말하는 것이다.

"이 시스템은 간편하고 현실적이라 실행하기 쉽습니다. 이대로만 잘 따라 한다면 분명 여러분 업무에도 도움이 될 겁니다."

"제가 제안하는 안건을 받아들여 실행하신다면, 다음 분기부터는 분명 이익률이 높아질 겁니다. 회사 경영에 막대한 이득이 생기는 기회를 포기하실 건가요?"

'플라시보 소비'라는 새로운 용어가 생겨났다. '가심비'라는 말과 유사하게 다소 비싸더라도 마음의 위안과 안정을 얻는 소비를 하는 것을 말한다. 그만큼 지금 우리는 플라시보 효과를 간절히 원한다.

"조금만 더 힘내세요. 다음 분기에는 우리 팀이 반드시 좋은 성과를 거둘 겁니다."

"너 이번 다이어트는 정말 성공할 거 같은데? 느낌이 그래."

플라시보 효과를 얻을 수 있는 따뜻한 말 한마디의 힘을 발휘할 때다. 때론 믿음과 희망이 결과를 바꾸기도 한다.

4

"관심을 끌기 위한 밀당의 단어, 잠깐만요."

일부러 끝맺지 않으면 오래 기억한다

_자이가르닉 효과

"발표를 해야 하는데요. 어떻게 하면 집중도를 높일 수 있나요?"

"연속 두 시간 강의를 해야 하는데, 수강생들이 지루해할까봐 걱정입니다."

많은 사람들 앞에서 발표나 강의를 하게 된 이들이 주로 문의하는 내용이다. 내가 강의 평점 만점을 받고, 앙코르 강의 요청이 쇄도한다는 걸 익히 아는 이들이 노하우를 알려달라며 묻곤 한다.

여러 사람 앞에서 말을 하는 사람은 특히 듣는 사람들의 집중도와 호응도에 유의해야 한다. 아무리 좋은 말씀, 유익한 정보를 전달한다고 해도 집중도가 떨어지거나 지루해서 하품이 나오면 그걸로 끝이다.

그래서 내가 가장 강조하는 건 이거다.

"중요한 말일수록 한 번에 다 하지 말라."

어느 정도 여지를 남겨두어야 강의가 끝날 때까지 긴장을 놓지 않는다.

자이가르닉 효과 Zeigarnik effect라는 말을 들어보았는가. 자이가르닉 효과는 완성하지 못한 일이 쉽게 잊히지 않는 심리 현상을 말하는데 흔히 '미완성 효과'라 불린다.

1927년 리투아니아 출신의 여성 심리학자 블루마 자이가르닉은 아주 우연히 이 현상을 발견했다. 그는 지인들과 함께 베를린의 한 식당에서 음식을 주문하려던 참이었다. 많은 손님들로 북적이는 식당에서 웨이터 한 명이 손님의 주문을 메모도 하지 않고 받고 있었다. 그 모습을 본 자이가르닉은 의문을 품었다.

'웨이터 한 명이 이 많은 손님들 주문을 어떻게 다 기억하는 거지?'

손님들 수도 많았지만, 각각의 손님들이 주문하는 메뉴가 수십 가지에 이르렀다. 아차, 하는 순간에 주문을 잊거나 헷갈리기 십상이었다. 그런데 신기하게도 그 웨이터는 주문대로 척척 정확하게 음식을 내왔다. 어떤 비결이 있는 걸까? 그러나 이내 웨이터의 놀라운 기억력이 어떻게 유지되는지 그 비밀이 풀렸다.

마침 식당에 소지품을 두고 나온 자이가르닉은 물건을 찾으러 식당에 다시 들어섰다. 그러곤 아까 그 웨이터에게 다가가 말했다.

"좀 전에 이 테이블에 있었는데, 저 기억하시죠?"

그러자 놀랍게도 웨이터는 그를 기억하지 못한다고 대답했다. 바로 여기에 비밀의 열쇠가 있다. 웨이터는 주문을 받은 후 음식을 내오기까지 주문 내용을 기억하지만, 음식을 내오고 나면 즉시 잊어버리는 것이다. 이것을 뒤집어 말하면, 어떤 일이 완성되기 전까지는 기억이 잘 지워지지 않음을 알 수 있다.

이 효과는 TV 드라마에서 유독 잘 활용된다. 대개의 드라마들은 중요한 사건이 발생한 순간에 그 회 차가 끝난다. 그러곤 다음 회 차 예고 방송을 보여준다. 이야기가 무르익을 무렵에 흥미진진한 스토리를 중단해버리면 시청자들 마음이 어떨까? 궁금해서 안달이 날 것이다. 궁금해하는 에피소드가 마무리되지 않고 멈췄으니 시청자들의 머릿속에 드라마에 대한 기억은 오래 갈 것이다.

이 효과는 강의나 발표를 할 때도 사용 가치가 매우 높다. 중요한 부분을 말할 때 한번에 다 말하지 말고, 중간에 한호흡 멈추어 일부러 궁금증을 유도하는 것이다.

"이제 여러분이 기대하고 계신 것을 소개할 차례가 되었습니다. 아, 잠깐만요."

그러면 사람들이 눈동자를 반짝이면서 귀를 쫑긋 세우게 된다.

장시간 강의를 할 때는 수강생의 호응도가 관건이다. 이때는 강의를 몇 등분하여 각각의 소결론이 나오는 순간 이렇게 말하자.

"이 부분의 결론을 말씀드리기 전에, 잠시만요."

'잠시만요'라는 말과 함께 뜸을 들이면 사람들은 궁금증 때문에 긴장하게 되고, 상대의 말에 더 몰입한다. 자, 발표나 강의를 듣는 사람들을 첫술에 배부르게 하지 말자. 조금씩 야금야금 밀당할 준비가 되었는가?

5

"우리는 2등이다.
그렇기 때문에 더 열심히 한다!"

긍정적인 틀로 유인하라
_프레이밍 효과

송나라에서 원숭이를 키우는 한 사람이 있었다. 형편이 어려워져서 도토리를 구하기 어렵게 되자 원숭이들에게 이렇게 말했다.

"이제부터 도토리를 아침에 세 개, 저녁에 네 개를 주겠다."

이에 원숭이들이 반발했다. 그래서 이번에는 이렇게 말했다.

"그럼 아침에 도토리 네 개, 저녁에 세 개를 주겠다."

그러자 원숭이들이 좋아하면서 고개를 끄덕였다.

많은 사람들이 알고 있는 조삼모사(朝三暮四) 고사 이야기다. 순서만 바꿨을 뿐, 결국 똑같은 조건을 다르게 받아들인 원숭이의 어리석음을 보여준다.

그런데 이처럼 비합리적인 태도가 원숭이에게서만 나타나는 것은 아니다. 실은 사람도 별다르지 않다. 가령, 물이 절반 정도 담긴 컵이 책상 위에 놓여 있다고 하자. 어떤 사람은 "물이 절반밖에 없네"라며 부정적으로 말하는 반면, 어떤 사람은 "물이 반이나 있네"라고 이야기한다.

이와 관련해 '프레이밍 효과Framing effect'에 대해 얘기해보자. 어떤 사안을 제시하는 틀에 따라 사람의 의사 결정과 해석이 달라지는 현상을 일컫는다. '프레임Frame'은 창문틀이나 액자의 틀 혹은 안경테를 말하는데, 심리학에서는 사물을 바라보는 '생각의 틀'을 의미한다. 마음에 어떤 틀이 있느냐에 따라 사물을 해석하고 판단하는 게 달라진다.

프레이밍 효과는 1981년 행동경제학자 아모스 트버스키와 대니얼 카너먼에 의해 제시되었다. 두 학자는 피험자를 대상으로 실험을 하면서 이렇게 말했다.

YES를 끌어내는 심리 대화법

"지금 600명이 치명적인 질병에 감염되었습니다. 다음 A, B 치료법 가운데 이들을 살릴 수 있는 치료법을 선택하십시오."

그러고 나서 피험자에게 비슷한 효과의 두 치료법에 대해 다르게 설명했다.

- "A 치료법으로 200명이 살 수 있습니다."
- "B 치료법으로 환자가 살 수 있는 확률은 33퍼센트, 아무도 살지 못할 확률은 67퍼센트입니다."

그 결과, 피험자의 72퍼센트는 A 치료법을 선택했고, 나머지 28퍼센트는 B 치료법을 선택했다. 이는 긍정적인 생각이 먼저 제시된 치료법을 사람들이 선호했기 때문이다. 따라서 누군가를 설득하고자 한다면 긍정적인 틀을 먼저 제시하는 게 더 효과적이다.

예를 들어 회사에서 팀장이 프로젝트를 추진하는 과정에서 임원들의 동의를 얻어야 할 때를 대입해 살펴보자. 프로젝트의 성공률과 실패율이 각각 60퍼센트, 40퍼센트로 나왔다. 같은 내용이라도 긍정적인 프레임으로 말하면 더 많은 동의를 얻을 수 있다. 그러니 굳이 실패율을 먼저 입에 올릴 필요는 없다.

"이번 프로젝트의 성공률이 60퍼센트나 됩니다. 그러니 저에게 맡겨주십시오."

또 기관이나 모임의 대표를 뽑는 선거에 출마하려는데, 매번 득표율 2위로 떨어졌을 경우라면 어떨까? 프레임을 긍정적으로 바꿔서 이렇게 말하면 좋다.

"저는 매번 득표율 2위를 해왔습니다. 그래서 득표율 1위를 하기 위해 어떤 역량이 필요한지를 누구보다 잘 압니다. 1위를 하기 위해서는 여러분의 의견을 경청하고, 그것이 반영될 수 있도록 해야 합니다. 따라서 저는 절박한 심정으로 몇 배 더 열심히 현장을 발로 뛰어다닐 것입니다."

미국의 렌터카 업체 에이비스가 "우리는 2등이다. 그래서 더 열심히 한다!"는 광고로 시장을 뒤흔든 사례는 꽤나 유명하다. 그렇다. 같은 내용도 어떤 프레임으로 이야기하느냐에 따라 그 결과가 현격히 달라진다. 긍정적인 프레임을 씌워 좋은 이야기, 좋은 결과를 먼저 제시하자. 상대의 마음을 얻고 싶다면 긍정적인 이야기로 호객을 하길 권한다.

6

"오늘 회의를 위해
특별히 빵을 준비해봤습니다."

냄새는 사람의 마음을 여는 열쇠

_ 맛있는 냄새 효과

"팀장님이 너무 위압적이라서 의견을 자유롭게 내기가 어려워요."

"전에 말다툼한 일로 상종하기 싫은 사람이 있는데, 어떻게 대화하면 좋을까요?"

어디를 가나 서로 잘 맞지 않는 사람들이 있게 마련이다. 왠지 껄끄럽고 불편한 사람들. 영원히 피할 수 있으면 좋으련만 그게 쉽지는 않다. 갖가지 대화법에 의지해 상대의 마음에 다가가려 하지만 아쉽게도 잘 되지 않는다.

이럴 때 가장 필요한 건 비언어적 의사소통법이다. 아무리 애를 써도 상대와 마음의 거리를 좁히지 못할 때는 말에만 의지해서는 안 된다. 특히 이성의 경우에는 더욱 그렇다. 이때 냄새로 상대를 뒤흔드는 방법을 써보자.

일례로 페로몬 향은 아름다운 외모 이상으로 상대를 끌어들이는 마법을 부린다. 냄새는 이성에 대한 느낌과 이미지를 규정하고 이를 기억시키는 요인이 된다. 당신도 그런 경험이 있지 않은가. 상대 이성을 떠올릴 때면 특정 냄새가 기억나 그 냄새에 푹 빠진 경험 말이다.

인간관계가 비틀어진 경우에도 냄새나 향기로 관계를 개선할 수 있는데, 특히 빵 냄새를 효과적으로 활용하면 좋다. 맛있는 빵 냄새 효과Delicious bread smell effect라는 것이 있는데, 빵 굽는 냄새가 낯선 사람에게 더 긍정적이고 친절하며 이타적인 행동을 유도하는 심리 현상을 말한다.

프랑스의 서든브리타니대학 연구진들은 빵 냄새가 사람에

게 어떤 영향을 미치는지에 대한 실험을 진행했다. 실험 참가자 절반은 맛있는 빵 냄새가 솔솔 나는 빵집 앞에서, 나머지 절반은 세련된 옷가게 앞에서 가방 속 물건을 떨어뜨리게 했다.

"가방을 뒤지는 척하면서 가방 속 액세서리, 장갑, 화장품을 떨어뜨리세요. 그러곤 그걸 눈치채지 못한 것처럼 행동하세요."

피험자들은 두 장소에서 지시에 따라 행동했고, 연구진은 행인들이 이들을 도와주는지 아니면 무시하는지를 조사했다. 이 실험은 400회 이상 반복되었다.

그러자 흥미로운 결과가 도출되었다. 맛있는 빵 냄새가 나는 빵집 앞에서는 행인의 77퍼센트가 떨어진 물건을 주워준 반면 옷가게 앞에서는 52퍼센트만이 도움을 주었다. 맛있는 냄새가 타인의 도움을 유발하는 강력한 매개체가 된다는 사실이 밝혀진 것이다. 이 실험을 토대로 연구진은 이런 결론을 내놓았다.

"우리의 후각수용체는 감정과 밀접하게 관련되어 있는 변연계라는 뇌 영역과 가장 직접적으로 연결돼 있습니다. 또 냄새는 기억의 형성과 보존에도 기여하지요. 대부분의 사람들은 배부르게 먹은 경험이 있기 때문에 맛있는 냄새를 맡았을 때 그 기억을 떠올립니다. 해서 맛있는 빵 냄새는 긍정적인 감정을 유발하고, 친절한 행동으로 이어지게 됩니다."

사람의 행동을 유도하는 냄새 효과는 이미 마케팅에서 적극적으로 활용되고 있다. 백화점, 레스토랑, 서점, 여성 의류 매장 등에는 특유의 향이 감도는데, 그 향을 맡고서 마음이 편해진 경험을 다들 해보았을 테다. 이를 '향수 마케팅'이라 부른다. 실제로 많은 가게들이 이를 활용해 매출 증대를 꾀한다.

그렇다면 우리는 이런 냄새 효과를 어떻게 활용할 수 있을까. 고압적인 팀장과의 관계 개선에 활용해보는 것도 한 방법이다. 가끔 맛있는 냄새가 나는 빵을 사다가 탕비실이나 팀장의 자리 가까운 곳에 놓아둬보자. 격식을 갖춰야 할 회의 시간이 아니라면 갓 구운 빵과 과자를 준비해보는 것도 좋다. 간식거리 덕분에 부드러운 회의 분위기 연출이 가능하고, 빵 냄새가 팀장의 고압적인 태도를 누그러뜨리는 데 도움을 줄 테니 말이다. 자연스럽게 이런 말도 덧붙여보자.

"팀장님, 요즘 고생 많으십니다. 제가 다음 분기 매출 증대를 위한 새로운 기획을 준비해봤는데 한번 봐주시겠습니까?"

말다툼을 한 사람과도 그렇다. 기분이 좋지 않다고 계속 뻣뻣한 자세로 대하면 결국 불편한 건 나 자신이다. 구수한 향이 나는 빵을 테이블에 올려놓고 대화를 시도해보거나, 빵집에서 만나는 것도 좋다. 이렇게 분위기를 편안하게 만든 후 대화의 문을 열자.

"지난번에 있었던 일은 털어냅시다. 우리 협업해야 할 일도 많은데, 껄끄러운 감정 버리고 서로서로 도울 수 있는 길을 찾아보지요."

7

"고생은 지금부터 시작이야. 하지만 결국엔 해낼 거야."

현실에 뿌리를 둔 합리적 낙관주의

_스톡데일 패러독스

"긍정하면 성공할 수 있다!"

"꿈은 내가 믿는 대로 이루어진다!"

"강한 신념은 기적을 일으킨다."

얼마나 솔깃한 말인가? 성장 지향으로 내달리던 과거에는 이런 말들이 힘이 되기도 했다. 하지만 요즘 사람들은 이런 구호가 얼마나 비현실적인지를 안다. 그게 허황된 말임을 몸소

웃으면서 할 말 다하는 사람들의 비밀

경험했기 때문이다.

취업 관문 앞에서 도전도 못해보고 절망을 경험하는 청춘들, 이른 나이에 명퇴를 해야 하는 직장인들, 평생을 일해도 내 집 한 칸 마련하기 힘든 중년들. 그래서 사람들은 '꿈을 꾸면 이루 어진다'는 식의 공허한 성공학에 등을 돌린 지 오래다.

직장인들은 이렇게 푸념한다.

"아무리 노력해도 나아지는 게 없어요. 벌이도 시원찮고 회 사에서 언제 잘릴지도 모르는데, 결혼은 꿈도 못 꿉니다."

청춘은 이렇게 하소연한다.

"우리에겐 애초에 기회조차 주어지지 않았다고요. 그런데 미래가 있을 수 있나요? 우리는 버림받은 세대예요."

중년도 마찬가지다.

"나이 쉰도 안 돼 회사에서 정리해고를 당했어요. 아파트 대 출금에 애들 등록금까지, 아직 돈 들어갈 곳이 많은데… 가게 를 열 형편도 안 되고 그저 앞길이 막막합니다."

이들에게 정말 희망은 없는 걸까? 성공, 꿈, 비전은 이룰 수 없는 뜬구름 같은 이야기인 걸까? 물론 그렇지 않다. 하지만 어려운 현실에 처한 사람에게 막연히 성공을 부추기는 낙관주의가 도움이 되지 않는다는 건 분명하다. 힘든 현실이 너무도 명확하게 보이는데 무조건 '잘될 거라'는 공허한 희망이 무슨 힘을 주겠는가. 대신 다른 게 필요하다.

이들에게는 '스톡데일 패러독스Stockdale paradox', 즉 현실을 인정하되 미래에 대한 확신이 필요하다. 스톡데일 패러독스는 비관적인 현실을 직시하고 인정하면서도 이를 극복해 미래에 좋은 결과를 얻을 수 있다고 믿는 '합리적 낙관주의'를 말한다.

이는 경영 사상가 짐 콜린스의 『좋은 기업을 넘어 위대한 기업으로』에서 언급된 용어다. 이 책에는 짐 콜린스와 제임스 스톡데일 미군 장교와 대화가 소개된다. 스톡데일 장교는 베트남 전쟁을 하던 1965년에서 1973년 사이, 동료와 함께 베트남군의 포로로 잡혀 있었다. 그동안 수많은 동료들이 감옥에서 죽어갔는데 그는 끝내 살아남아 고국으로 돌아올 수 있었다.

짐 콜린스는 그 장교에게 물었다.

"살아남지 못한 군인들은 누구였습니까?"

장교의 대답은 의외였다.

"그건 낙관주의자들입니다."

짐 콜린스는 이해할 수 없었다. 당신 역시 이런 의문을 품을 것이다. '절망적인 상황이라면 그때야말로 낙관주의가 힘을 발휘할 때 아닌가?' 하지만 낙관주의자들이 살아남지 못한 데는 이유가 있었다.

낙관주의 군인들은 크리스마스 때까지 석방될 거라는 막연한 희망을 품었다. 하지만 가혹한 현실은 이런 기대를 배반했고, 그들은 크리스마스가 지나도록 석방되지 못했다. 이렇게 희망을 품고, 희망이 깨지는 일이 반복되면서 군인들의 상심은 깊어졌고 점차 생존 의욕을 잃었다. 더 낙관하고 더 기대했기에 그들이 느끼는 절망감도 더 클 수밖에 없었다. 결국 희망의 불씨를 잃은 군인들은 목숨도 잃고 말았다. 이와 달리 스톡데일 장교는 자신이 살아남은 비결을 이렇게 말한다.

"저는 크리스마스 때 석방되지 않을 걸 대비했습니다. 낙관주의에 빠져 현실을 외면하는 것과 낙관주의를 견지하면서도 현실을 직시하는 건 아주 다른 문제입니다."

당신이 위기에 처한 기업의 대표라면 어설픈 장밋빛 비전을 제시하는 대신 이렇게 말하자.

"앞으로 많은 난관이 닥쳐오리라 예상합니다. 이를 극복하기가 쉽지 않지만 우리는 현실을 직시하고 살아남기 위해 전력투구해야 합니다."

만일 힘든 프로젝트를 추진하는 팀장이라면 직원들에게 무조건 성공할 수 있다는 공허한 구호 대신 이렇게 말하자.

"이번 프로젝트를 성공할 가능성은 크지 않습니다. 이게 냉정한 현실입니다. 하지만 최선을 다해 할 수 있는 데까지 힘을 모아봅시다."

취업을 못한 자녀를 둔 부모라면 근거 없이 낙관하거나 무작정 부정적으로 말하지 말고 이렇게 다독여주자.

"누구나 실패를 경험할 수 있어. 그러니 너무 기죽지 말자. 지금부터 부족한 부분을 차근차근 준비해두면, 나중에 기회가 왔을 때 도움이 되지 않겠어?"

막연한 희망과 낙관은 공허하지만, 현실에 발을 딛고 선 낙관은 힘이 된다. 꿈을 꾸고 싶다면, 지금 서 있는 자리부터 점검하고 다지자. 비록 그 현실이 녹록지 않다 할지라도.

4장

이성을 사로잡는
심리 대화법

1

"그 완벽한 남자는 왜 인기가 없을까?"

허점이 매력이 되는 순간이 있다

_실수 효과

"왜 여성들이 제게 호감을 안 가질까요?"

30대 중반의 한 남성이 고민 상담을 요청해왔다. 그는 180센
티미터가 넘는 키에 준수한 외모를 지닌 이른바 훈남이었다.
게다가 해외 명문대 출신에 외국계 금융 회사를 다니는 등 요
즘 여성들이 좋아할 만한 조건을 다 갖춘 남성이었다. 그렇다
면 대체 무엇이 문제란 말인가.

"혹시 사람들과의 관계에서 자주 문제가 생기나요?"

"전혀요. 저는 학생회장을 한 적이 있을 정도로 리더십이 있고, 사람들을 잘 이끄는 편입니다."

"그럼… 성격이 까다롭거나 예민하신가요?"

"아뇨, 성격 좋다는 말을 꽤 듣는 편입니다."

이상한 일이었다. 한 시간 남짓 대화를 나누다 보니, 그의 언변 또한 보통이 아님을 알 수 있었다. 당당하게 눈을 맞추고, 적절히 제스처를 취하면서 조리 있게 말을 이어갔다. 잠깐 사이에 드는 생각은 그는 모든 면에서 그야말로 완벽하다는 거였다. 그는 매사에 완벽주의를 추구하는 듯했다. 공부면 공부, 운동이면 운동, 커뮤니케이션이면 커뮤니케이션. 모든 면에서 빈틈없이 최고로 해야 만족하는 스타일로 보였다.

그 순간 나는 바로 그 점이 문제임을 깨달았다. 그는 너무 완벽해서 문제였던 것이다. 사람들은 지나치게 완벽한 사람을 어려워한다. 그보다는 약간 빈틈이 있는 사람을 좋아한다. 이는 실수 효과Pratfall effect로 설명되는데, 차갑거나 다가가기 어려웠던 사람의 실수가 오히려 호감을 갖게 하고 매력을 증진시킨다는 이론이다.

미국의 심리학자 캐시 애론슨은 흥미로운 실험을 했다. 그는 참가자 두 명을 인터뷰한 뒤 이 내용을 녹음해 피험자들에게 미리 들려주었다. 그리고 나서 참가자 두 명을 대상으로 퀴즈쇼를 진행했다. 이때 피험자들이 누구에게 더 호감을 느끼는지를 확인했다.

캐시 애론슨은 퀴즈쇼를 하기 전에 A와 B를 인터뷰했다. 이때 A는 말실수 없이 완벽하게 대답을 했고, B는 인터뷰 도중 커피를 엎지르는 실수를 했다. 이윽고 퀴즈쇼가 시작됐다. 피험자들은 커피를 엎지르는 실수를 한 참가자 B가 정답을 맞힐 때 더 큰 박수를 치며 응원했다.

캐시 애론슨은 연구실험의 결과를 이렇게 내놓았다.

"사람의 허점이나 실수가 매력 요소가 될 수 있습니다. 따라서 허점이나 실수가 없는, 지나치게 빈틈없고 완벽한 사람은 오히려 덜 매력적으로 비칩니다."

그렇다고 무조건 실수를 많이 해야 호감을 높인다는 말은 아니다. 어느 정도 완벽한 모습을 갖춘 상태에서 약간의 허점을 보이거나 실수를 해야 그것이 매력으로 작용한다.

자, 그러면 다음 네 가지 유형 중 누가 제일 호감도가 높을까?

- A : 완벽하지만 실수하는 사람
- B : 완벽하고 실수 없는 사람
- C : 평범하지만 실수하는 사람
- D : 평범하고 실수 없는 사람

이 가운데 제일 호감도가 높은 사람은 A다. 완벽한 사람의 경우 허점과 실수가 오히려 매력 포인트로 작용한다. 즉 이 말은 매사 허술하고 습관적으로 잦은 실수를 하는 사람에게는 해당하지 않는 얘기다.

미국의 전 대통령 빌 클린턴의 경우, 르윈스키 성 추문 이후 오히려 지지도가 높아졌다. 완벽해 보이는 클린턴 대통령의 허점을 보고는 국민들이 그를 감싸준 것이다.

마음에 드는 이성 앞에 서면 누구나 완벽한 모습을 보이고 싶어한다. 그렇게 해야 경쟁자를 제치고 간택될 수 있으니까. 하지만 빈틈 하나 없는 완전무결한 사람은 오히려 상대를 숨 막히게 한다. 진정으로 이성에게 자신의 매력을 어필하고 싶다면, 아주 가끔씩 일부러 빈틈을 보이자. 자신이 실수한 이야기를 슬쩍 털어놓는 것도 한 방법이다.

"일전에 저도 비슷한 사고를 낸 적이 있습니다."

"어머, 그렇게 안 보이는데 그런 실수도 하시는군요."

"그럼요. 저도 꽤 허술합니다."

완벽한 남자에게서 언뜻 언뜻 비치는 인간미 넘치는 모습이라니. 상대에게 약간의 틈을 내보여야 그만큼 가까워지는 법이다. 평소 완벽을 기하되 전술적 실수 여담은 몇 가지 준비해놓아도 좋겠다.

웃으면서 할 말 다하는 사람들의 비밀

2

"세 번째 그림은
선택해도 가질 수 없습니다."

장애물을 만나야 불타오르는 연애의 비밀

_로미오와 줄리엣 효과

절절한 사랑을 꿈꾸는가? 사랑을 위해서라면 모든 걸 포기할 수 있다, 뭐 그런? 하지만 드라마나 영화에 자주 등장하는 애절한 사랑은 현실에서는 찾아보기 힘들다. 왜 그럴까?

보통의 청춘이라면 여러 차례 사랑을 해봤을 가능성이 높다. 모태 솔로라 해도 사랑의 감정 한두 번쯤은 느껴봤을 것이다. 우리가 불꽃 같은 사랑을 하지 못하는 이유 중 상당 부분은 사랑하는 이를 너무 쉽게 만나기 때문이 아닐까? 늘 그래왔듯이 지금 만나는 이성과 헤어지더라도 머지않아 또 다른 이성을 만날 수 있으니까 말이다. 그래서 지금 사랑하는 이에게 온전히 자신의 모든 걸 내어줄 이유가 없다. 그렇다면 지금 사랑이 막 싹트기 시작한 이성과 뜨겁고 강렬한 사랑을 하고 싶다면 어떻게 하는 게 좋을까?

로미오와 줄리엣 효과Romeo & Juliet effect를 들어보았는가? 심리학자 드리스콜은 콜로라도대학에서 동료들과 함께 '사랑의 강도' 영향을 연구했다. 부모나 주변의 반대가 심할 경우 사랑의 감정이 더 강해지는 심리 현상을 밝혀내기 위한 연구였다. 연구 결과 부모의 반대가 심하면 심할수록 두 사람의 사랑이 더 깊어진다는 결론을 얻었다.

이처럼 남녀 사이의 사랑은 장애에 부닥치거나, 주위의 반대를 만나면 오히려 더 강화되는 특성이 있다. 이는 사회심리학자 루빈의 연애 척도를 통해서도 입증되었다. 그의 연구에 따르면 주변 반대에 놓인 커플이 그렇지 않은 커플보다 연애 감정 지수가 더 높게 나타났다고 한다.

흥미로운 심리실험이 더 있다. 한 심리학자가 학생들에게 열장의 그림을 나누어주었다. 마음에 드는 순서대로 배열하라고 한 다음, 그림 가운데 하나를 주겠다고 했다. 이윽고 학생들이 그림을 다 배열하자 심리학자는 이렇게 말했다.

"세 번째에 놓인 그림은 선택을 해도 가질 수 없습니다."

다시 학생들에게 그림을 배열하게 한 뒤, 그 가운데 그림 하나를 주겠다고 했다. 그러자 처음 카드 배열시 세 번째에 있던 그림이 순서상 눈에 띄게 앞쪽에 배열되었다. 가질 수 없는 그림을 더 좋아하게 되었기 때문이다.

심리학에서는 이런 현상이 생기는 이유를 자유 의지가 박탈당해서 반발심이 생긴 것으로 풀이한다. 사람에게는 무엇을 선택할 수도 있고 그렇지 않을 수도 있는 자유 의지가 있는데, 이것을 박탈당했을 때 반발심이 생긴다는 얘기다.

로미오와 줄리엣 효과는 실제 연애관계에서도 적절히 활용하면 도움이 된다. 서로의 사랑을 확인했지만 왠지 상대의 마음이 활활 타오르지 않을 때 써먹을 만하다. 만일 이성과의 만남에 긴장감이 없어지고 둘의 관계가 느슨해진 것 같다고 느껴지면 이렇게 말해보자.

"미안. 부모님이 우리 사이를 탐탁지 않게 생각하시는 것 같아. 하지만 걱정하지 마. 나한테는 자기뿐이야."

혹은 상대가 왠지 당신을 쉽게 보고 무시하는 듯한 느낌이 들면 이렇게 말해보자.

"사실 우리 엄마는 자기 스타일이 썩 마음에 안 드시는 모양이야. 난 자기가 이 세상에서 최고로 멋진데 말야."

너무 평탄한 연애는 매너리즘에 빠지기 쉽다. 가끔은 긴장감을 주는 장애물이나 소소한 갈등이 두 사람 관계를 강하게 결속시키기도 한다는 걸 기억하자.

3

"요즘 제일 잘 팔리는 게 뭐예요?"

다수의 선택에 무심코 한 표를 던지게 된다
_사회적 증거의 법칙

"마음에 드는 여성에게 사귀자고 말할 때 어떻게 하면 좋을까요? 저는 직장도 외모도 남부럽잖고, 경제력도 괜찮습니다. 그런데 대시할 때마다 잘 안 되더라고요."

소개팅에서 마음에 드는 여성을 만난 모 직장인 남성이 이런 고민을 상담해왔다. 잠깐 대화를 나누는 동안 자기 현시가 매우 강한 남성이라는 걸 느꼈다. 묻지도 않은 시시콜콜한 이야기를 죽 늘어놓다가 결국 자기가 잘났다는 걸로 끝을 맺었다. 이런 남성은 보나마나 연애 경험이 적을 가능성이 크다. 안타깝게도 지나친 자기 현시를 좋아할 여성은 없으니 말이다.

좋아하는 여성에게 고백할 때는 본인 입으로 자기 자랑을 늘어놓기보다는, 자신의 매력을 돋보이게 할 증거를 말하는 게 좋다. 다음 두 가지 예를 살펴보자.

- A : "저는 외국 명문 S대 출신에 현재 G사에 다니고 있어요. 연봉도 꽤 높고 곧 승진할 예정입니다. 저와 사귀어주세요."
- B : "요즘 부쩍 여러 여성들에게 대시를 받았어요. 문자도 오고, SNS로도 연락이 오네요. 하지만 전 당신과 사귀고 싶습니다."

얼핏 보면, A와 B 중 어떤 게 효과적일지 가늠하기 쉽지 않다. 하지만 사회적 증거의 법칙The law of Social proof에 근거하면 B가 더 효과적이다. 사회적 증거의 법칙은 다수의 선택을 자신의 생각과 행동을 지지하는 증거로 채택한다는 것으로, 로버트 치알디니의『설득의 심리학』을 통해 널리 알려졌다.

요즘같이 '나는 나'를 내세우는 시대에 다수의 선택을 따르는 법칙이라니, 정말 이런 게 통할까? 갸우뚱하게 여기는 이들이 있을지 모르겠으나, 실제로 이를 입증하는 사례가 많다.

길거리에서 구걸하는 걸인을 예로 들어보자. 빈 바구니를 앞에 내놓는 것과 바구니에 동전 몇 개를 넣어두는 것 중 어느 쪽이 동냥을 더 많이 받을까? 당연히 후자다. 행인들은 바구니에 들어 있는 동전을 보고 다른 사람들이 먼저 적선을 했다는 생각에 자신도 은연중 따라 하게 된다.

예능 프로그램도 그렇다. 예능 프로그램을 보면 미리 녹음된 웃음소리가 배경음으로 자주 들린다. 방송이 재미있다는 증거를 보여줌으로써 시청자들로 하여금 재미있다는 생각이 들게 하고, 덩달아 따라 웃게 만드는 효과가 있다.

기부금을 모으는 TV 프로그램을 보라. 진행자가 핏대를 세워가며 기부의 당위성을 호소하는 경우는 찾아보기 힘들다. 대신 진행자는 뛰어난 설득 효과를 발휘하는 말을 한다.

"이렇게 많은 분들이 기부해주셨어요. 대기업 J회장님, 모 구청장과 직원 분들, 경기도 S지역 어머니회, 모 초등학교 학생들…."

그러면 방송을 보던 시청자들은 다수가 기부한 것을 알게 되고, 자신도 거기에 동참해야겠다는 생각을 하게 된다. 저절로 기부자 행렬에 끼는 것이다.

만일 상대 여성이 맘에 들어 그녀에게 선택받고 싶다면, 쓸데없이 자기 자랑을 늘어놓느라 시간을 낭비하지 말자. 그 대신 다른 여성들이 자신을 선택하고 있음을 넌지시 알려주는 게 효과적이다. 그러면 여성은 이런 반응을 보일 것이다.

'아무리 능력이 있어도 바람둥이면 소용없잖아. 근데 이 남자는 능력도 있고 진정성이 있어 보여. 여러 여자들이 찜했다면 분명 이유가 있을 거야. 그 여자들의 판단을 따르는 게 낫겠어.'

물론 여성도 남성에게 사회적 증거의 법칙에 따라 말을 하면 효과적이다. 가령 여성이 자신의 외적인 매력을 어필하려 한다고 하자. "저는 C 미인대회 출신이에요. 연예인 K와 비슷하게 생겼죠?"라고 하는 것보다 다음과 같이 말하는 게 좋다.

"혹시 미인대회 출신 아니냐고 묻는 분들이 계세요. 어떤 분은 연예인 K와 닮았다며 대시를 하더라고요. 그래서 간혹 당황스러울 때가 있어요."

자기 입으로 자기 자랑을 쏟아내는 사람은 대체로 비호감이다. 남녀 불문, 잘난 척하는 사람을 좋아하는 사람은 없으니까. 하지만 자신이 꽤 괜찮은 사람임을 보여주는 증거를 미끼 삼아 툭 던져주는 것은 효과적이다. 사람들은 다른 사람이 좋아하고 인정한 것을 그대로 받아들이는 심리가 있으니 말이다.

4

"여기서 제일 비싼 걸로 주세요."

때론 비교가 독이 아닌 약이 된다
_대비 효과

"어떤 걸 좋아할지 몰라서 고심해서 골랐어."
"어때? 자기를 위해 준비한 이벤트 맘에 들어?"

사랑하는 사람들 사이에는 선물이 오가고, 이벤트가 벌어진다. 그래야 상대가 마음을 확인하고 감동을 받으면서 서로의 관계가 더 돈독해지기 때문이다.

문제는 항상 상대가 최고로 만족할 수 있는 선물과 이벤트를 할 수 없다는 데 있다. 연애 초기에는 집안 기둥뿌리를 뽑아서라도 사랑하는 이를 위해 모든 걸 해주려고 한다. 하지만 그 시기가 지나면 현실적인 상황이 눈에 들어오기 시작한다.

그렇다면 어디서 해법을 찾아야 할까? 이럴 때 대비 효과 Contrast effect를 활용해보자. 대비 효과란 같은 가치지만 비교에 따라 다른 차이를 느끼게 되는 오류를 말한다. 이해를 돕기 위해 한 실험을 예로 들어보겠다.

오른손은 상온에 그대로 두고, 왼손은 얼음물에 담가놓는다. 그 상태로 20초간 있다가 오른손과 왼손을 동시에 미지근한 물에 넣는다. 느낌이 어떨까? 두 손에 어떤 반응이 나타날까?

상상하는 그대로 오른손은 미지근함을 느끼지만 왼손은 뜨거움을 느낀다. 얼음물에 있던 왼손이 미지근한 물을 실제보다 뜨겁게 느끼는 대비 효과 때문이다.

이런 효과는 단체 면접에서 두드러진다. 함께 면접을 보는 사람의 스펙이 매우 뛰어날 경우, 옆에 있는 사람은 실제 가치보다 더 낮게 평가된다. 단체 소개팅을 할 때 자신보다 잘생긴 친구 옆에 앉지 않으려는 것도 그런 이유에서다.

대비 효과는 영업에서 특히 잘 활용된다. 백화점 명품 핸드백 숍에 손님이 들렀다고 하자. 고객은 세일 상품이 있으면 사겠다는 마음으로 들어간다. 한 바퀴 둘러보고 세일하는 상품이 없으면, 그냥 나올 생각이지만 실제로는 그렇게 되지 않는다. 명품 매장에서 고객에게 써먹는 영업 화법이 있다.

"고객님, 여기 중앙에 있는 핸드백 보이시죠? 이건 가격이 800만 원입니다. 하지만 너무 걱정하지 마세요. 그 옆에 있는 핸드백은 200만 원대예요. 굉장히 저렴하죠?"

고가의 핸드백과 가격 비교를 함으로써 팔고자 하는 핸드백 가격이 싼 것처럼 보이게 하는 것이다. 이럴 경우 고객은 할인해 달라는 말은 꺼낼 생각조차 하지 못할 가능성이 크다.

대비 효과는 여자친구에게 선물을 해주고 싶은데, 주머니 사정이 여의치 않을 때도 활용할 수 있다. 우선, 자신이 선물하고자 하는 물건이 상대적으로 비싼 축에 드는 가게를 물색하자. 단, 가게의 겉모습이 근사해야 한다. 여자친구의 손을 잡고 그곳으로 데리고 가서 이렇게 말하는 거다.

"여기에서 제일 비싼 게 어떤 거예요? 오늘 특별한 날이라서 여자친구에게 선물할 거예요. 그러니까 최고로 골라주세요."

그러면 직원은 그 매장에서 제일 비싼 물건을 추천한다. 이때 여자친구는 다른 물건에 붙여진 가격표를 죽 둘러본 후 만족스러운 표정을 짓는다.

좋아하는 남자친구에게 커플링 이벤트를 하고 싶은데 경제적 사정이 좋지 않은 여성도 마찬가지다. 금 커플링 대신 은 커플링을 선물한다고 하자. 이때 은 커플링을 주력 상품으로 내세운 가게를 물색하고, 그중 최대한 가게 외형이 고급스러운 곳을 고른다. 그런 다음 남자친구와 함께 찾아가 이렇게 말하자.

"여기서 제일 비싼 걸로 주세요."

그러면 남자친구는 다른 커플링 가격과 비교하고 나서 매우 흡족한 표정을 지을 것이다.

5

"내가 말을 잘하지 못하는 건
순전히 당신 때문입니다."

그 사람 앞에서만 서면 말문이 막힌다

_설단 현상

"어쩌죠? 그 사람 앞에만 서면 온몸이 얼어붙어요."
"사랑하는 사람이 생겼는데, 말 한번 걸어보지 못했어요."
"완전히 꿀 먹은 벙어리네요."

사랑에 빠진 청춘들이 종종 이런 고민을 털어놓는다. 이럴 땐 어떻게 대화를 해야 할지 모르겠다며 도움을 청한다. 사랑하는 사람 앞에서 긴장하고 설레는 것은 자연스러운 일. 그런

떨림은 누군가를 사랑하기 위해 거쳐야 하는 통과의례이기도 하다. 그런데 그 정도가 유독 심한 사람들이 있다.

사랑하는 사람 앞에만 서면 입이 달라붙어 한마디도 제대로 못하는 이들. 무슨 말을 해야 할지 머리가 백짓장처럼 하얘져 단어가 떠오르지 않는다. 그래서 몇 초간 말문이 막히는 증상이 이어진다. 이렇게 되면 상대와 원만한 의사소통을 하기 어려울뿐더러, 자칫 오해를 받을 수도 있다.

"뭐지? 사람 무시하는 건가? 왜 매번 말을 하다 말아."

"말수가 적은 건지 말주변이 없는 건지, 답답해….'

사실, 좋아하는 이성 앞에서 말을 잘 하지 못하는 건 긴장으로 인해 생긴 심리현상 때문이다. 긴장해서 말이 혀끝에만 맴돌고 입 밖으로 나오는 않는 것을 설단 현상Tip-of-the-tongue phenomenon이라 하는데, 1966년 하버드대학의 브라운과 맥닐 교수가 붙인 이름이다.

브라운과 맥닐 교수는 이와 관련한 흥미로운 실험을 진행했다. 이들은 피험자들에게 생소한 단어를 제시한 뒤 암기하게 했다. 그러고 나서 일정 시간이 지난 후, 이들은 피험자들의 기억력을 테스트했다.

"이 단어 뜻을 말해보세요."

"○○○라는 뜻을 가진 단어를 맞혀보세요."

피험자들은 당황했다. 얼핏 보아서는 피험자들 대부분이 단어 뜻을 완전히 암기하지 못한 것으로 보였다. 그런데 사실 그렇지 않았다. 피험자들은 이구동성으로 이렇게 말했다.

"이 단어 의미에는 사람과 연관된 게 있어요."

"첫 음이 L로 시작하잖아요."

그렇다. 이들은 단어의 뜻을 기억하지 못한 게 아니라 기억한 것을 인출하는 데 장애를 겪고 있었다. 브라운 교수와 맥닐 교수가 간단한 단서를 던져주자 피험자들은 곧바로 단어의 뜻을 기억해냈다. 의미나 스펠링의 일부를 어렴풋하게나마 기억하고 있었기 때문이다. 이를 토대로 브라운과 맥닐 교수는 이렇게 정리했다.

"실제로 정보를 기억하는 것과 자신이 기억한 정보를 아는 것은 별개의 문제입니다. 따라서 기억이 나지 않는다고 해서 머릿속의 정보가 완전히 사라진 것은 아니라는 말입니다."

설단 현상은 좋아하는 이성 앞에서뿐 아니라 면접이나 발표,

중요한 미팅 때 종종 일어난다. 머릿속에 저장된 정보를 입 밖으로 내놓지 못하는 가장 큰 이유는 긴장으로 인한 억압된 심리 때문이다. 적절한 긴장은 순발력 있는 스피치에 도움이 되지만 그 정도가 심하면 말을 어눌하게 하거나 제대로 된 의사소통이 불가능한 상태에 이르게 된다.

다시 연애 얘기로 돌아가 보자. 연애를 잘 못하는 사람의 특징 중 하나는 좋아하는 이성 앞에만 서면 말문이 턱하니 막히는 것이다. 이들의 문제는 어떻게 해결해야 할까? 머릿속, 마음속, 입속에서 맴도는 말을 어떻게든 밖으로 꺼내려는 의식적인 노력이 필요하다.

그러기 위해 해야 할 첫 번째는 사랑하는 사람 앞에서 본인이 떨고 있음을 인정하는 것이다. 이런 현상을 자연스럽게 받아들이고 상대에게 내보이는 것을 무서워하지 않아야 한다.

"아, 그러니까… 죄송합니다. 제가 좀 긴장이 되네요."

"제가 이런 자리는 처음이라… 마, 말주변이 좀 없습니다."

이렇게 본인의 상태를 먼저 고백하면 상대는 어떤 반응을 보일까? 대부분 상대를 감싸주려 할 것이다. 눈앞의 이성이 긴장한 것을 보면 상대의 마음을 눈치챌 수밖에 없다. 특히 첫 만남의 자리라면 더욱 그렇다.

'혹시 이 사람이 나 때문에 긴장한 건가?', '지금 내가 맘에 들어서 떠는 거야?' 이런 마음이 들기 시작하면 더욱 호감을 느끼게 된다. 상대의 마음이 진심이구나 싶어 진정성을 발견할 수도 있다. 그러니 마음을 편하게 먹자. 자신의 설렘과 떨림을 인지하고 부드러운 고백으로 대화를 열어 나간다면 좋은 결과를 얻을 수 있다.

6

"혹시, 지난주 세미나에서
뵙지 않았나요?"

빤하지만 빤하지 않게 상대를 유혹하는 기술

_데자뷔 현상

"우리 전에 만난 적 있지 않나요?"
"음, 낯이 익네요. 왠지 어디선가 본 것 같아요."

처음 만난 이성에게 이렇게 말한다면, 왠지 뻔한 수법 같은
가? 하지만 의외로 효과가 큰 말이다.

이성 교제의 비법이나 대화법과 관련해서는 별의별 대화 테
크닉이 다 소개되어 있다. 하지만 대부분은 아무런 근거 없는

것들이다. 처음 만난 이성의 호감을 얻는 가장 강력한 한마디는 "우리 전에 한번 만난 적 있지 않나요?"이다. 실제로 상대를 만났는지 여부는 중요하지 않다.

이 말은 사람들이 자주 경험하는 데자뷔Deja-vu를 자극하는 멘트로 은연중 효과를 미친다. 데자뷔는 최초의 경험임에도 불구하고 본 적이 있거나 경험한 적이 있는 것 같은 심리 현상을 말한다. 이런 기시감에 대해 학술적으로 규정한 사람은 프랑스 의학자 플로랑스 아르노이다. 이후 에밀 보아락이 지금의 '데자뷔'라는 용어를 처음 사용했다.

데자뷔 현상은 두 가지로 설명할 수 있다. 하나는 기억에서 이 현상의 원인을 찾는 입장이다. 인간은 어떤 경험을 했을 때, 세세한 것을 모두 기억하는 게 아니라 특징의 일부에 기대 전체적인 느낌을 기억한다. 그러다 보니 때때로 처음 경험한 일임에도 기억 속에 저장해둔 어떤 기억의 일부분과 부합하는 일이 생긴다. 그러면서 현재의 경험과 기억과의 세부적인 대조 과정이 생략된다. 그 결과 처음 겪는 일임에도 전에 경험한 듯한 착각을 하게 되는 것이다.

웃으면서 할 말 다하는 사람들의 비밀

다른 하나는 눈의 구조에서 이 현상의 원인을 찾는 입장이다. 보통 사람들의 양쪽 눈은 대략 6센티미터 떨어져 있다. 그래서 고개를 한쪽 방향으로 돌려 사물을 볼 경우, 왼쪽 눈과 오른쪽 눈에 입력되는 시각 정보에 시간차가 생긴다. 이때 시간차가 0.025초보다 크면 전에 본 듯한 착각 경험을 하게 된다.

실제로 많은 사람들이 이런 현상을 겪는다. 처음 가본 장소 또는 건물임에도 이상하게 전에 한번 와본 듯한 느낌을 갖는다. 또 처음 겪는 상황이나 사건임에도 희한하게 전에 비슷한 일을 겪은 것처럼 여겨진다. 누군가를 처음 만날 때도 그렇다. 꼭 어디선가 만났던 것 같은 사람처럼 느껴질 때가 있다.

심리학자들은 기시감은 전생과 아무 관련이 없음을 일관되게 주장한다. 그런데 우리나라에서는 이 현상을 전생과 연결하는 경향이 있다. 대표적으로 콩깍지에 씌인 연인들이 만남의 필연성을 강조하게 위해 '전생'을 끄집어내곤 한다.

"우리는 전생부터 인연이 있었던 거 같아."

그 이유는 사랑에 '필연성'이라는 의미를 부여하고 싶기 때문이다. 실제로 그렇게 함으로써 사랑의 감정이 더 솟구치기도 한다. 왠지 떼려야 뗄 수 없는 운명 같은 느낌이 강하게 들면서 한층 더 흠뻑 빠져드는 것이다.

그러니 좋아하는 이성의 마음을 확실하게 낚아채고 싶다면 다음과 같이 데자뷔를 활용하자. 이 멘트를 들은 상대는 자신도 모르게 '전생의 필연' 속으로 빠져들게 될지 모른다.

"혹시 전에 뵌 적이 있던가요?"

"오늘 처음 뵙는 것 같은데요."

"지난주 목요일 세미나에 오시지 않으셨어요?"

"아닌데요."

"아, 죄송합니다. 왠지 낯설지 않아서… 꼭 어디서 뵌 분 같았어요."

너무 닭살 돋지 않게, 기억을 더듬듯 자연스럽게, 상대에게 던지는 이 같은 멘트가 어쩌면 그렇게나 찾아 헤매던 인연을 만나는 길이 될지도 모를 일이다.

7

"당신의 근육이 아닌
두뇌에 반했어요."

지적인 대화가 성적 매력을 유발한다

_사피오섹슈얼리티

이하늬, 이상윤, 신아영, 전현무, 박경….

배우로, 가수로, 진행자로 활동하며 요즘 방송계에서 핫한 인물들이다. 이들에겐 어떤 공통점이 있을까? 바로 뇌가 섹시하다는 점이다. 이런 이들을 가리켜 요즘말로 뇌섹녀, 뇌섹남이라고 부른다.

이성을 자극하고 섹스어필하기 위해 많은 사람들이 몸매를 가꾸고 얼굴에 신경을 쓴다. 하지만 지적인 매력은 이를 넘어서는 힘이 있다. 즉 이성의 마음을 자극하기 위해서는 가슴을 키우거나 애플 힙을 만드는 것만으로는 부족하다는 의미다.

이제 몸매의 아름다움을 칭찬받는 건 진부한 일이 되었다. 이성에게서 받고 싶은 최고의 찬사가 바뀌고 있다.

"어쩜 그렇게 지적이세요?"

일각에서는 지적인 섹시함을 찾는 건 말뿐이고 사람들의 속마음은 여전히 이성의 몸매, 즉 육체적 섹시함을 중시하고 거기에 이끌린다고 말하는 이들이 있다. 정말 그럴까? "뇌와 섹시함은 서로 상관관계가 없는가?"라고 묻는다면 답은 "아니요"이다. 사피오섹슈얼리티Sapiosexuality라는 말을 들어보았는가. 상대의 지성에서 성적인 매력을 느끼거나 성적 흥분을 일으키는 현상을 일컫는다.

〈뉴욕 타임스Newyork Times〉는 사피오섹슈얼리티가 새로운 성적 취향으로 대두되고 있음을 보도하면서 인스타그램 계정 '@HotDudesReading'을 소개했다. 뉴욕 곳곳에서 책 읽는 남자를 촬영해 업로드하고 이 게시물을 엮어 책과 캘린더로 출간한 것이다. '책 읽는 남자는 섹시하다'는 광고카피가 현실에서도 통한다는 사실을 확인받은 셈이다.

서호주대학의 지냑 교수를 필두로 한 연구팀은 18~35세의 성인 남녀 383명을 대상으로 설문조사를 했다. 연인에게서 어떤 특성이 중시되고, 어떤 점에서 매력을 느끼는지를 물었다. 그 결과, 대다수 피험자들은 상대가 지적이길 바랐다. 특히 18세에서 35세의 일부(1~8퍼센트)는 지성에 의해 성적 흥분을 일으키는 사피오섹슈얼인 것으로 밝혀졌다.

이성에게 성적 매력을 어필하고 싶은가? 근육과 에스라인 몸매도 좋지만 지적인 모습으로 매력 발산을 해보는 건 어떨까. 약속 장소에 먼저 도착해 책 읽는 모습을 은근슬쩍 보여주는 것도 좋고, 아예 미팅 장소를 서점으로 잡아도 좋다.

물론 실제로 지적 함량을 키우는 노력도 해야 한다. 피트니스센터에 다니며 몸매를 가꾸는 데 시간을 투자하듯이 두뇌의 근력을 키우기 위해 꾸준히 시간을 투자해야 한다. 독서는 기본이고 혼자 사색하는 시간도 많이 가져보자. 세상 돌아가는 이야기에 관심을 갖고, 양질의 콘텐츠를 찾아 강연회나 전시회 등을 찾는 것도 도움이 된다.

좋아하는 이성과 식당에 갔다거나, 가벼운 데이트를 할 때 이런 정도의 대화를 시도해보자.

"〈코코〉 보셨어요? 제가 평소 프리다 칼로를 좋아해서 너무 재미있게 봤거든요. 거기 등장하는…."

"비빔밥은 참 별 거 아닌데 맛있지 않나요? 그 유래도 다양하다는데 혹시 아세요?"

"요즘 날씨가 좋아서 점심 먹고 산책을 자주 하고 있어요. 제가 다니는 직장 뒤편이 한양 도성길 중 한 곳인데요. 한양 도성을 만들 때…."

대단한 지식을 자랑하거나 허세를 부릴 필요가 없다. 민감한 정치, 종교, 사회 이슈는 내려놓자. 상식과 교양 수준을 넘나드는 소재로 유쾌하게 대화를 끌어가는 것이 중요하다. 포인트는 '가볍게'이다. 자칫 잘난 체하거나 가르치려 들면 반감을 살 수 있으니 가볍게 접근하자. 소소한 대화를 이어가는 데 막힘이 없는 정도의 상식과 교양만 살짝 보여주고 상대의 관심을 끌어내면 그것으로 충분하다.

웃으면서 할 말 다하는 사람들의 비밀

5장

지갑을 열게 하는
심리 대화법

1

"이게 그러니까
김남주 씨가 착용한 제품인데요."

닮고 싶은 욕구를 은근슬쩍 자극하라

_파노플리 효과

"고가 상품을 팔 때는 어떤 코멘트를 하는 게 좋을까요?"
"명품을 홍보할 때 고객의 마음을 사로잡는 말은 따로 있나
요?"

예비 쇼호스트들이 가장 많이 하는 질문이다. 나는 다년간
쇼호스트를 대상으로 보이스 테크닉과 설득 대화법을 강의해
왔다. 그런데 쇼호스트이 가장 궁금해하는 건 역시 어떤 말을

해야 고가의 상품을 많이 팔 수 있느냐는 거였다.

내가 이 질문을 하는 이들에게 강조하는 말은 이것이다.

"사람들에게는 신분 상승 욕구가 있습니다. 명품을 구매해 대리 충족을 하는 경향이 있어요. 따라서 고가의 상품을 팔 때는 해당 제품을 사용하는 셀럽이나 유명 연예인을 언급하는 게 효과적입니다. 에르메스, 돌체앤가바나, 스튜어트 와이츠먼의 옷을 판다고 해보죠. 세계적인 유명 디자이너 작품이다, 명품이다, 이런 걸 언급하는 것도 좋지만 더 효과적인 방법이 있죠. 한창 인기를 끈 드라마〈미스티〉의 김남주 씨가 입고 나왔다는 걸 언급하는 겁니다. 그러면 고객은 그 제품을 소비함으로써 김남주 씨의 지적이고 고급스런 이미지와 자신을 동일시하며 만족을 얻는 거죠."

〈효리네 민박 2〉에 출연한 윤아 씨가 완판녀가 된 것도 이런 이유 때문이다. 그녀는 아르바이트생으로 출연해 맨투맨 티셔츠, 화이트 롱패딩, 와플 기계를 자연스레 방송에 노출시켰다. 곧이어 그 제품은 없어서 못 팔 정도로 큰 인기를 누렸다.

시청자들이 맨투맨 티셔츠, 화이트 롱패딩, 와플 기계를 생전 처음 접해서 그런 걸까? 아니다. 이미 아는 것들이지만, 이

전에는 별 감흥이 없다가 윤아 씨가 사용하는 것을 보고 새삼 관심을 갖게 된 것이다. 왠지 더 좋아 보이고 탐이 나는 심리랄까.

이것이 바로 '파노플리 효과Panoplie effect'다. 특정 제품을 구매하면 그 제품을 사용하는 집단이나 계층에 자신이 속하게 된다고 믿는 심리다. 파노플리 효과는 1980년대 프랑스 사회학자 장 보드리야르가 『소비의 사회』에서 2차 세계대전 이후 세계는 생산 중심 사회에서 소비 중심 사회로 변했음을 지적하며, 처음 제기한 개념이다. 그는 이렇게 말했다.

"소비자가 물건을 구매할 때는 그 사람의 이상적 자아가 반영된다. 따라서 소비자는 명품을 구매하고 또 그럼으로써 자신을 상류 계급과 동일시하고자 한다."

파노플리 효과와 유사한 것으로 '베블런 효과Veblen effect'가 있다. 미국 사회학자 베블런의 이름을 딴 것으로, 상류층의 과시를 위한 소비 행태를 말한다. 베블런은 시장 경제에서 이상한 현상을 발견했다. 가격이 높으면 수요가 줄어드는 게 경제 법칙인데, 상류층의 경우는 가격이 높을수록 자신만의 특권적 지위를 누리고자 오히려 고가의 제품을 더 많이 구매했다.

따라서 경기가 좋지 않은 요즘 같은 시기에 고가의 제품을 팔려면 이런 심리를 자극하는 것이 아무래도 효과적이다. 백화점 명품 매장 직원이 이렇게 말한다고 해보자.

"요즘 드라마 〈황금빛 내 인생〉이 화제잖아요? 거기 나오는 주연 배우 신혜선 씨가 이 제품을 착용했어요. 대기업 총수의 딸로 나오면서 입은 제품이니까, 그만큼 퀄리티는 보장되는 브랜드죠. 고객님, 이 제품 어떠세요?"

그러면 고객은 드라마 속 혜성그룹의 딸 신혜선과 함께 그녀가 착용한 명품을 떠올리게 된다. 그리고 그 이미지에 자신을 투영하며 흔쾌히 구매의사를 밝힐 것이다.

고액의 금융상품을 판매하는 재무설계사도 마찬가지다. 재력이 되는 이들을 상대하며 고액의 금융상품을 팔 때는, 몇 퍼센트 이율을 올려주려 하거나 보너스 혜택을 주려고 안달할 필요가 없다. 그런 방식으로는 그 고객들의 마음을 움직이기 어렵다. 대신 이렇게 말하자.

"아무래도 고가이다 보니 아무에게나 계약을 권유하지 못하고 있어요. 이 상품은 강남의 의사, 변호사, 회계사 등 전문직 종사자들이 특히 계약을 많이 하고 있습니다. 요즘 방송에 잘 나오는 K 성형외과 원장, M 변호사, E 회계사도 얼마 전 이 상품을 계약하셨어요."

내가 파는 물건이 고가의 제품이고 재력이 있는 고객을 상대한다면, 돈 몇 푼 깎아주는 것으로 호객 행위를 하지 말자. 제품의 품질에 대한 구구절절한 설명도 필요 없다. 그저 고객의 신분 상승 욕구를 아주 살짝만 건드려주면 된다.

2

"지난주까지 130만 원 하던 겁니다.
바로 오늘부터…"

높은 숫자를 먼저 던진 후 낚아 올린다

_앵커링 효과

시장에서 채소를 파는 상인 두 명이 있다. 한 상인은 정상가 1만 원을 써 붙이고 고객을 끌어모았다. 다른 한 상인은 정상가보다 높은 1만 2,000원에 X 표시를 하고, 그 옆에 1만 원이라고 적어놓았다. 둘 중 누가 더 장사를 잘하는 걸까? 당연히 후자다.

마트와 백화점 할인 코너에 자주 가본 이들은 알 것이다. 소비자들은 예외 없이 높은 가격에 X 표시를 하고, 그 옆에 할인가를 써 붙인 상품을 선호한다. 당장 필요하지 않은 상품을 사들이면서 이렇게 말한다.

"오늘 횡재했어!"

"운 좋게 싼 값에 득템했지 뭐야."

이처럼 일부러 높은 가격은 써놓은 후, 그것보다 낮은 가격으로 판다고 함으로써 고객들이 마치 싼 가격에 사는 듯한 착각을 느끼게 하는 건 흔한 마케팅 기법이다. 실제로는 할인한 것이 아님에도 사람들은 할인을 받았다는 착각을 한다.

워낙 자주 사용되는 탓에 이제는 사람들 대부분이 가짜 할인이 상술임을 뻔히 안다. 그런데 놀랍게도, 여전히 이 할인 기법은 먹히고 또 먹힌다. 왜 그럴까?

일명 '앵커링 효과Anchoring effect' 때문이다. 이는 심리학자이자 행동경제학자인 대니얼 카너먼과 아모스 트버스키에 의해 제시된 개념이다. 앵커링은 배가 정박하기 위해 닻Anchor을 내리는 것을 뜻하는데, 닻을 내리면 배는 닻과 배에 연결된 밧줄의 범위 내에서만 움직일 수 있다. 이에 착안해 처음 제시된 숫자나 사물이 기준이 되어 그 후의 판단에 왜곡이 생기는 현상

웃으면서 할 말 다하는 사람들의 비밀

을 가리키는 말이다. 일명 '닻내림 효과', '정박 효과'라고 부르기도 한다.

카너먼과 트버스키는 흥미로운 실험을 진행했다. 1에서 100이 적힌 룰렛 앞에 피험자를 모은 후 이렇게 말했다.

"룰렛을 돌려서 나온 숫자가 유엔 가입 국가 중 아프리카 국가가 차지하는 비율보다 큰지, 작은지를 추측해보세요."

그러자 피험자들은 룰렛에서 나온 숫자를 기준으로 그와 가까운 비율을 정답으로 제시했다. 숫자 20이 나온 피험자는 '10~30 사이'라고 말했고, 숫자 50이 나온 피험자는 '40~60 사이'라고 답했다. 이렇듯 피험자들의 판단은 우연히 먼저 얻은 숫자의 영향을 크게 받았다.

이는 행동경제학자 크리스토퍼 시의 『결정적 순간에 써먹는 선택의 기술』에서도 입증되었다. 그는 피험자들을 모은 후 각자의 핸드폰 전화번호 뒷자리 세 자리를 백지 위에 적게 했다. 그런 다음 피험자들에게 이렇게 주문했다.

"로마의 멸망 시기를 맞혀보세요."

그러자 피험자들은 예외 없이 자신의 전화번호와 유사한 숫자를 정답으로 내놓았다. 여기에서도 먼저 접한 숫자가 기준이 되어 피험자의 판단에 영향을 미친 걸 알 수 있다.

이로 미루어보건대 상품을 팔거나 각종 금전적 협상을 할 때, 앵커링 효과를 이용하면 상당한 도움을 받을 수 있다. 백화점에서 100만 원짜리 최신 TV를 팔 경우, 정상가를 그대로 붙이는 건 순진한 행동이다. 정상가보다 높은 가격인 130만 원을 적어서 X 표시를 한 후 그 옆에 100만 원을 써 붙여보라. 그러곤 고객에게 이렇게 말하는 것이다.

"고객님, 지난주까지 130만 원에 팔던 제품이에요. 오늘부터 30만 원 낮은 가격인 100만 원에 판매하고 있어요. 이번 할인 찬스를 놓치면 후회하실 거예요."

만일 당신이 광고 회사 직원이고 광고주와 광고 수주 금액을 놓고 협상을 한다고 가정해보자. 원래 광고 제작비용이 5,000만 원이라면 협상시엔 이렇게 말하는 것이다.

"원래 광고 총 제작비가 8,000만 원입니다. 한데 요즘 워낙 경기가 악화돼 기업체 사정이 안 좋다고 하시니, 저희가 허리띠를 졸라매서 5,000만 원에 제작해드리겠습니다."

앵커링 효과는 마케팅뿐만 아니라 일상에서도 은근히 활용

도가 높다. 그리고 놀랍게도 상대가 의심하면서도 마음이 혹
해 넘어오는 기술이다. 적절히 센스 있게, 앵커링 효과를 잘만
활용한다면 상대의 지갑을 기분 좋게 열 수 있을 것이다.

3

"여기에 이 선글라스까지 하시면
정말 멋질 거예요!"

주저 없이 연쇄 소비를 하게 만드는 마성의 말

_디드로 효과

- A가게 사장 : "고객들이 오면 대개 한 가지 제품만 사갑니다. 가구는 가격대가 저렴하지 않아서 이것저것 사는 게 쉽지 않나 봐요. 그래서 매상이 늘상 제자리입니다."

- B가게 사장 : "우리 가게에 예쁜 옷이 참 많은데, 왜 팔리는 것만 계속 팔리는지 모르겠어요. 다른 옷도 같이 사게끔 유도하는 방법이 없을까요?"

장사하는 사람들이 자주 하는 고민이다. A가게 사장은 가구를 파는데, 주력 상품이 잘 팔리기는 하지만 매상이 정체돼 있다. B가게 사장은 옷 가게를 운영하는데, 몇 가지 품목의 옷만 팔리다 보니 매상이 오르지 않는다. 이 상태가 계속되는 동안 경쟁 업체라도 등장한다면 매상은 떨어질 게 뻔하다.

이럴 땐 어떤 대책을 세워야 할까? 어떻게 하면 고객에게 다른 제품까지 팔아 추가 매출을 올릴 수 있을까? 이때는 상품을 구매한 고객에게 이미 구매한 상품과 어울리는 상품을 소개하는 게 좋다. 소비자는 먼저 구매한 상품과 전혀 매치가 안 되는 상품과 달리, 잘 매치가 되는 활용도 높은 상품을 사고 싶은 욕구가 있기 때문이다.

이런 심리는 '디드로 효과Diderot effect'로 설명할 수 있는데, 하나의 물건을 산 후 그와 어울리는 물건을 계속 구매하고자 하는 심리를 말한다. 이는 인류학자 그랜트 매크래켄이 『문화와 소비』라는 책에서 처음 사용한 용어로, 실존 인물인 18세기의 철학자 '드니 디드로'의 이름에서 따왔다.

디드로는 『나의 오래된 가운을 버림으로 인한 후회』라는 에세이에서 실내복 일화를 소개한다. 어느 날 친구에게서 빨간

실내복을 선물받은 디드로는 그동안 입었던 낡은 가운을 버린다. 그런데 새 실내복을 입고 서재에서 생활하다 보니, 책상과 실내복이 어울리지 않는다는 걸 발견한다. 그래서 책상을 새것으로 바꾼다. 그런데 막상 새 책상을 들여놓고 보니 책장과 벽걸이, 시계도 마음에 들지 않는다. 게다가 새 책상과 잘 어울리지 않음을 깨닫는다. 급기야 그는 서재 안에 있는 모든 것을 새로 바꾸고 말았다.

이 이야기를 보면 한 물건의 소비가 이후 연쇄적인 소비를 부추김을 알 수 있다. 그랜트 매크래켄은 이 이야기에서 영감을 받아 '디드로 효과'라는 개념과 용어를 만들었으며, 다음과 같이 말했다.

"디드로는 물건의 통일성을 위해 소비를 연쇄적으로 했습니다. 이런 일은 소비자가 자동차, 가구, 의류 등을 구매할 때 생기기 쉽습니다."

근데 여기서 유의할 점이 있다. 사람들이 기능적인 면을 보는 게 아니라는 점이다. 이들은 정서적·문화적 통일성을 우선적으로 보고 계속해서 물건을 구매한다. 예를 들어 신형 자전거를 샀다면, 자전거 수리 도구나 푹신한 안장을 추가 구매하는 게 아니라 패션의 통일성을 위해 옷과 신발, 선글라스 등을 추가 구매하는 것이다.

　당신이 가구를 파는 사장이라고 해보자. 고객이 흰색 옷장을 샀다면 '디드로 효과'를 극대화하기 위해 이렇게 말할 수 있을 것이다.

　"이 화장대 한번 보시겠어요? 조금 전에 구매하신 흰색 옷장과 아주 잘 어울리는 흰색에다 문고리 장식도 같은 시리즈예요. 같이 놓으시면 세트처럼 어울릴 거예요."

　그 순간 고객은 집에 있는 오래된 체리색 화장대가 신경쓰이기 시작한다. 머릿속으로 대충 떠올려 봐도 흰색 옷장과 너무 어울리지 않기 때문이다. 어느새 고객은 흰색 옷장과 흰색 화장대가 나란히 놓인 자신의 방을 상상하며 지갑을 연다.

　앞서 말한 옷 가게 주인이라면 어떻게 말하는 게 좋을까? 예를 들어 청바지가 잘 팔린다면 그와 잘 매치되는 티셔츠, 스카프, 속옷을 마네킹에 입혀 전시하자. 고객이 가게 문을 열고 들어와 청바지를 달라고 하면, 마네킹 앞으로 데려가 이렇게 말하는 것이다.

"청바지에 잘 어울리는 제품들로 코디를 해두었어요. 이 청바지에 잘 어울리는 아이템들이니 한꺼번에 구입하시면 입을 때마다 어떻게 코디해야 하나 걱정하지 않으셔도 될 거예요."

마법 같은 이 한마디에 고객은 청바지 한 벌을 사러 왔다가 티셔츠와 스카프, 작은 크로스백까지 한꺼번에 구매를 하게 될 것이다.

"이렇게 두 제품을 같이 매칭하면 너무 잘 예쁠 거예요."

미소 띤 얼굴로 건네는 이런 조언은 고객이 기꺼이 소비를 즐기게 만든다. 마케팅이나 판매 영업을 하고 있다면 꼭 디드로 효과를 활용해보길 바란다.

웃으면서 할 말 다하는 사람들의 비밀

4

"인스타 봤니?
요즘 그거 사려고 줄을 선다며?"

남들이 하는 거면 나도 하고 싶다

_밴드왜건 효과

허니버터 칩, 노스페이스, 롱패딩….

무엇이 떠오르는가? 소비 측면에서 이들의 공통점은 무엇인가? 그렇다. 이 셋은 폭발적으로 유행했던 상품들이다. 허니버터 칩은 엄청난 인기로 품귀현상을 빚었고, 노스페이스는 학생들의 최애템으로 일명 등골브레이커로 불렸다.

소비자들은 왜 그토록 이 제품을 원했을까? 너무 맛있어서? 너무 품질이 뛰어나서?

물론 그렇지 않다. 허니버티 칩의 경우, 소비자들은 탁월한 맛이 아니라 많은 사람들이 찾기 때문에 덩달아 구매를 했다. 노스페이스 롱패딩의 구매 결정 요인도 비슷하다.

"얼마나 맛있기에 그 난리인지, 나도 한번 먹어보려고."

"너도 나도 다 입는다는데, 나라고 못 입을 이유가 있나?"

"내 친구들은 다 입었단 말이에요. 그런데 저만 그 옷이 없어서 완전히 왕따라고요."

하도 인기라니까, 제품이 유행하고 있어서, 혹은 그 대열에 끼지 않으면 남들에게 뒤처진다는 생각에 충동구매를 한 경우가 대부분이다.

이렇듯 소비자들의 지갑을 열게 하는 결정적 요인의 하나가 '유행'이다. 이는 강력한 토네이도 같아서 한번 불기 시작하면 좀처럼 빠져 나오기 힘들다. 그러니 소비자가 순순히 지갑을 열게 만들려면 '유행'을 강조해야 한다.

이는 유행에 따라 상품을 소비하는 현상인 '밴드왜건 효과 Band wagon effect'로 설명이 가능하다. 다른 사람의 소비 경향에 묻어가는 걸 가리키는 말로 '편승 효과'라고도 한다. 밴드왜건

웃으면서 할 말 다하는 사람들의 비밀

효과를 학술적으로 정립한 사람은 미국의 경제학자 하비 라이벤슈타인인데, 그는 소비자 수요이론에 관한 논문에서 이렇게 말했다.

"어떤 사람의 특정 상품에 대한 수요가 다른 사람의 수요에 영향을 받는 것이 밴드왜건 효과다."

이 용어는 유명한 광대인 라이스가 1848년 선거운동에서 악대 마차에 올라타 사람들의 관심을 끌었던 데서 유래한 말이다. 행렬 선두를 이끄는 마차에 탄 라이스는 요란하게 악기를 연주하며 사람들 시선을 끌었고, 덕분에 그가 지지하는 후보자가 당선되는 데 큰 도움을 주었다. 여기서 퍼레이드 선두에 있는 악대 차량을 밴드왜건Bandwagon이라 한다. 이를 계기로 많은 정치가들이 이 방법을 따라 하기 시작했고 이 용어가 널리 회자되었다.

밴드왜건 효과는 선거 때 특히 제몫을 톡톡히 한다. 아직 후보자를 결정하지 못한 유권자의 경우, 방송에서 특정 후보가 1위를 달린다는 소식을 접하면 대개 이런 반응을 보인다.

"이미 대세가 결정되었군. 많은 사람들이 선택하는 데는 이유가 있겠지. 나도 대세를 따라 저 후보를 찍어야겠어."

프로 야구의 팬들도 마찬가지다. 자기 연고의 야구팀이 없는 야구팬이 있다고 하자. 그가 한 야구팀을 응원하고 싶을 때, 밴드왜건 효과가 작동한다. 그는 1등을 달리는 야구팀의 팬이 되어 열광적으로 응원할 가능성이 매우 높다.

정수기 방문 판매원이 제품 품질이 얼마나 우수하며 가격이 얼마나 합리적인지 말해도 고객을 설득하는 데는 한계가 있을 수밖에 없다. 이때야말로 비밀 병기가 필요하다. 다음과 같은 멘트를 덧붙이는 것이다.

"고객님, 옆 동네 E아파트 있잖아요? 거기에서는 가구마다 한 대씩 계약했어요. 어찌나 인기가 있는지 없어서 못 팔 정돕니다. 특히 이 모델이 제일 인기 있는 제품이에요. 곧 품절될지도 모르니 기회 있을 때 하나 장만하세요."

식당을 오픈해 홍보를 고민하고 있다면, 이때도 밴드왜건 효과는 활용 가치가 높다. 특히나 가게가 골목 안쪽에 있다면, 인력을 동원해 가게 문에서부터 길가 쪽으로 길게 줄을 세워두자. 지나가는 행인들이 볼 수 있도록. 이럴 땐 말도 필요 없다. 길게 늘어선 줄 그 자체가 밴드왜건 효과를 확실히 보여주기 때문이다.

소문난 과외 선생님, 소문난 제품, 소문난 TV 프로그램… 휩쓸리기 싫고 귀찮다가도 호기심과 호감이 생길 수밖에 없다. 밴드왜건 효과에 낚이지만 말고, 각자 필요한 부분에서 적극적으로 이 효과를 활용해보는 건 어떻겠는가.

5

"이번에도 운이 좋으시네요. 진짜 제대로 고르셨어요."

운 좋은 사람은 다음에도 운이 좋다고?

_ 뜨거운 손 현상

복권을 샀는데 만 원대 금액이 당첨됐다고 하자. 그러면 대개는 기분이 좋아져서 또 복권을 산다. 그런데 만 원대 금액이 또 당첨됐지 뭔가. 그러면 보통 어떤 반응이 나올까?

"어라, 오늘 운이 좋은걸. 잘하면 더 큰 금액에 당첨될 수도 있을 거야."

그러곤 자신의 행운에 도취되어 딴 것 이상을 잃을 때까지 계속해서 복권을 산다. 당신은 그렇지 않을 거라고? 소수의 사람에게만 해당하는 이야기라고? 그렇지 않다. 사람에게는 누구나, 스포츠나 도박에서 한 번의 행운이 생기면 연속적으로 행운이 따를 거라 믿는 성향이 있다.

그런 이유로 상대에게 운이 있음을 강조하면 상대는 동력을 얻어 하던 일을 계속 시도하게 된다. 예를 들어, 축구를 잘 못하는 사람이 있다고 하자. 이 사람은 슛만 날렸다 하면 헛발질이다. 그런데 어느 날 동네 축구회에서 우연찮게 골 맛을 봤다. 이때 주위에서 그에게 이렇게 말한다.

"자네에게 운이 있나 보네."

그러면 이 사람은 그 말을 믿고 평소와 달리 슛을 많이 시도하게 된다. 이는 '뜨거운 손 현상Hot Hand Phenomenon'으로 설명할 수 있다. 이전의 성공이 다음번의 성공으로 이어질 거라 믿는 인지적 편향을 나타내는 말이다.

이 용어는 1985년 심리학자이자 행동학자인 아모스 트버스키와 심리학자 토머스 길로비치가 인지심리학회에 기고한 「농구 경기에서의 뜨거운 손」이라는 논문에 처음 소개되었다. 쉽게 말해, 한 농구선수가 두세 차례 슛을 성공시키면 다음에 그가 슛을 할 때도 성공할 거라고 보는 현상을 말한다. 트버스키와 길로비치는 농구 경기를 관람하는 농구 팬을 대상으로 실험을 진행했는데 다음의 세 가지 질문을 던졌다.

1. 방금 자유투를 성공시킨 선수의 이번 자유투 성공률을 어느 정도로 예상합니까?
2. 방금 자유투에 실패한 선수의 이번 자유투 성공률을 어느 정도로 예상합니까?
3. 누구에게 패스를 많이 줘야 합니까?

그 결과 첫 번째와 두 번째 질문에 대한 답변과 결론은 다음과 같았다. 이전에 자유투를 성공시킨 선수의 이번 자유투 예상 성공률은 61퍼센트로, 그렇지 않은 선수의 이번 자유투 예상 성공률은 42퍼센트로 나왔다. 마지막 질문에는 '연달아 슛에 성공한 선수에게'라는 답이 나왔다.

그런데 사람들의 이런 생각은 실제와 맞지 않았다. 코흘러와 콘러의 NBA 선수 연구 결과에 따르면, 이전의 성공이 다음번 성공으로 이어지지 않는다는 것이 밝혀졌다. 이는 곧 이전에 성공하더라도 다음번의 성공 확률은 여전히 50대 50이라는 말이다. 그런데도 사람들은 한두 번 성공한 사람에게 행운이 따른다고 믿는 오류를 범한다. 이런 오류는 농구 선수 자신에게도 해당된다. 자유투를 서너 번 성공시킨 선수는 자신에게 운이 있음을 믿고, 이후 더 적극적으로 자유투에 나서게 된다.

우리 동네 시장의 야채 가게 사장님은 이를 아주 잘 활용한다. 그 사장님은 비슷비슷한 품질의 야채를 좌판에 죽 늘어놓고서 고객들에게 고르게 한다. 야채 고르는 재미가 쏠쏠해 주부들의 호응도 좋다. 손님이 좌판에서 야채 하나를 고르면 이를 놓칠세라 사장님은 이렇게 말한다.

"오늘도 운이 좋으시네요. 신선하고 제일 큰 걸 고르셨습니다."

그러면 운이 있다고 믿게 된 손님은 이것저것 연신 야채를 골라서 원래 사기로 한 것보다 더 많은 양을 사게 된다. 심지어 전혀 살 생각이 없던 다른 야채까지 산다. 이런 식으로 그 야채 가게 사장님은 수완 좋게 고객의 지갑을 열었다.

"고객님, 이번에도 운이 좋으시네요. 최상의 것을 구매하셨습니다."

고객을 상대하는 사람이라면 뜨거운 손 현상을 활용해 이와 같은 멘트를 날려보자. 좋은 물건을 값싸게 잘 샀다고 믿게 된 고객은 동기부여가 되고, 아주 흔쾌히 지갑을 열 게 분명하다.

웃으면서 할 말 다하는 사람들의 비밀

6

"처음엔 너무 짜증났는데요. 이제는 팬이 됐어요."

불평하는 고객을 단골로 만드는 법

_존 굿맨의 법칙

"소매 길이가 좀 긴데 줄여주시면 좋겠네요."
"급하게 필요한 옷이에요. 빨리 부탁드려요."

이런 요청을 할 때마다 열 일 제치고 달려와 내 이야기를 들어주고, 요청한 것을 해결해주는 옷 가게가 있다. 내가 자주 이용하는 단골 가게다. 하지만 처음부터 그랬던 건 아니다.

정장을 사기 위해 자주 들르는 옷 가게가 몇 군데 있는데, 처음에는 최고의 품질과 서비스를 해주는 곳을 주로 다녔다. 유명 연예인들이 자주 찾는 곳이라 그런지 정말 달랐다. 그러다 우연히 새로 개업한 옷 가게를 방문해 옷을 샀는데 처음 구매한 제품에 하자가 있었다. 사소한 것이긴 했지만, 어쨌든 처음 구입한 제품에 하자가 있다 보니 기분이 썩 별로였다. '여긴 다시 안 올 거 같다'는 막연한 생각이 들었다. 그런데 나는 어쩌다 그 가게의 단골손님이 되었을까?

셀럽들이 많이 찾는 최고의 옷 가게는 부족한 점을 느끼지 못할 정도로 모든 것이 완벽했다. 하지만 그곳 사장이나 직원들과는 친근하게 대화하거나 소통할 일이 거의 없었다. 그러다 보니 어느새 조금씩 소원해지고 발길도 뜸해졌다. 반면 새로 개업한 옷 가게는 약간 부족한 점이 있었지만, 언제든 편하게 옷과 관련해 여러 이야기를 나눌 수 있었다. 뿐만 아니라 이것저것 내가 요청하는 것을 세심하게 챙겨주었다.

"단추 채울 때 좀 뻑뻑하네요."

"혹시 모레까지 작업 가능할까요?"

내가 무언가를 요청하면 옷 가게 사장님은 바로 달려와 내

요구를 귀담아 들어주고, 요구사항도 바로바로 해결해주었다. 이런 일을 세 차례 겪고 나자 나는 그 가게의 단골이 될 수밖에 없었다.

처음엔 불만스러운 가게였으나 나중에 단골이 되는 경험을 해본 사람들이 꽤 있을 것이다. 거기엔 어떤 심리가 작용하는 걸까? 이는 '존 굿맨의 법칙John Goodman's law'과 관련이 있다. 불만이 해결된 고객이 동일 브랜드를 재구매할 가능성이 매우 높아지는 현상을 다룬 법칙이다.

마케팅 연구기관 타프TARP의 사장은 20개 나라의 산업 현황을 조사하는 과정에서 이상한 점을 발견했다.

"어라, 완벽한 제품, 서비스 그리고 고객의 재구매율, 재방문율이 비례하지 않네. 왜 그렇지?"

상식적으로 이해할 수 없는 현상이었다. 이유를 파악하기 위해 조사를 한 그는 다음과 같은 결론을 얻었다.

"고객이 한 매장을 방문할 경우, 아무 문제 없이 이용할 때는 재방문율이 10퍼센트에 불과합니다. 이와 달리 고객이 불만을 제기하고 회사가 이에 훌륭히 대응할 때는 재방문율이 65퍼센트에 달합니다. 특히 비교적 고가 상품의 경우, 이 현상이 더욱 두드러지는데요. 이때 제품에 대한 불만을 제기하지 않은 고객의 재방문율은 9퍼센트지만, 제품에 대한 불만을 제기하고 이를 해결받은 고객의 재방문율은 무려 70퍼센트인 것으로 나타났습니다."

놀라운 결과 아닌가! 이는 완벽한 제품과 서비스가 고객을 끌어 모으는 최상의 비법이 아님을 의미한다. 조금 부족함이 있어도 최선을 다해 고객의 이야기를 듣고 불만을 해결해 만족을 이끌어내는 게 고객을 모으는 진짜 비법임을 알 수 있다.

항상 사람들이 줄을 서 있는 비빔밥집이 있다. 이곳은 맛집으로 방송에 여러 번 소개되었다. 가게는 골목 안쪽의 허름한 가정집을 개조해 만들었고, 사장님은 머리 희끗한 60대 후반 어르신이다. 이 가게를 몇 번 찾아가 보았지만 의문이 들었다.

"이 정도 맛은 어디서나 흔히 접할 수 있잖아. 그런데 어째서 손님 발길이 끊이지 않을까?"

가게 내부는 가정집 분위기가 솔솔 났고, 냉난방도 썩 잘되는 편은 아니었다. 음식이 나오는 시간도 제각각 불규칙했다. 그래서 사장님에게 특별한 비결이 있는지를 물어보았다. 그는 단골이 많기 때문이라고 했다. 어째서 단골이 많은 건지 물었더니 이런 대답이 돌아왔다.

"식당을 많이 해봤는데 다 실패했습니다. 맛이면 맛, 홍보면 홍보, 입지 조건이면 입지 조건, 모두 최고로 준비해도 잘 되지 않더라고요. 그 실패의 경험 끝에 여기에 비빔밥 집을 차렸고, 대박이 났죠. 단골이 많이 생긴 비결은 이겁니다. 모든 면에서 최고로 준비를 하지 못하더라도 고객의 이야기를 최대한 겸손하게 경청하는 것입니다. 불만 사항도 가급적 다 들어드리고요."

역설적이게도 성공하는 가게는 불만이 없는 가게가 아니라 불만이 어느 정도 있는 가게라는 말이다. 이때, 중요한 건 고객의 이야기를 성의껏 들어주고 고치려는 자세다. 그게 칭찬이건 불만이건 말이다.

가게 주인이나 직원이 자신의 이야기에 귀를 기울여주는 곳, 누구라도 가고 싶지 않겠는가. 품질 좋은 제품을 팔고 있음에도 매출이 쑥쑥 오르지 않는다면 이 점을 생각해보자. 당신은 고객의 이야기에 귀를 기울이는가? 불만과 요구 사항을 경청하고, 고치려 노력하는가?

7

"지금이 아니면 안 되거든요."

'마감 임박'이 불러오는 강력한 소비 욕구

_심리적 유도 저항

'마지막 찬스, 선착순 20명'

'한정 판매'

'마감 임박'

백화점과 홈쇼핑에서 흔히 접하는 홍보 문구다. '선착순 20명이면 벌써 다 팔린 거 아냐?', '한정 판매라니, 품절되기 전에 사야 하는데.' 위의 문구를 본 순간 가슴이 두근거리고 당장 사야 할 것 같은 압박감이 생긴다. 이런 현상은 비단 쇼핑중독자

나 과소비자들에게만 해당되는 이야기가 아니다.

평소에는 동일한 상품을 보면서 심드렁하다가도 '마지막 찬스'나 '오늘만 특가 할인' 등의 문구를 보면 꼭 사야만 할 것 같은 느낌이 드는 건 왜일까? 이는 '심리적 유도 저항Psychological reactance' 때문이다. 사람은 자유를 침해당하거나 위협당할 때 그것을 유지하기 위해 더 강하게 저항하는 심리가 있다. 이는 1981년 미국 사회심리학자 샤론 브렘과 잭 브렘이『심리적 유도 저항』에서 처음 사용한 용어로, 물건에 대한 선택의 자유에도 적용된다.

평소 흔하게 봐오던 물건에 '마지막 찬스', '한정 판매', '마감 임박'이라는 문구가 붙여지면, 선택의 자유가 위협을 당하기 때문에 이에 대한 저항으로 그 물건을 사게 되는 것이다.

『설득의 심리학』에서 언급한 '희귀성의 법칙The law of scarcity'도 이와 유사하다. 어떤 물건이나 대상이 많이 있을 때는 그저 그렇다가 그것이 희귀해지면 그 가치를 높게 평가하는 현상이 생겨난다. 같은 책에 이와 관련해 플로리다 주립대학 학생들을 대상으로 한 실험 사례가 소개되어 있다.

연구팀은 이 학생들을 대상으로 구내식당에 대한 설문조사를 했는데, 처음에는 대부분 이런 반응이 나왔다.

"음식 맛이 형편없습니다."

"너무 양이 적습니다."

그런데 9일 후, 이 학생들을 대상으로 똑같은 내용의 설문조사를 했을 때 학생들의 반응은 바뀌어 있었다.

"음식 맛은 먹을 만해요."

"가격 대비 이 정도면 괜찮은 편이죠."

무엇이 이런 변화를 만들어낸 걸까? 그 사이 음식 맛이나 양이 변한 건 아니었다. 이유는 딱 하나. 두 번째 설문조사를 할 때, 학생들은 화재 때문에 앞으로 2주 동안 그곳에서 식사를 할 수 없다는 이야기를 들은 상태였다. 언제든지 맛볼 수 있던 구내식당 음식을 당분간 맛볼 수 없게 되자, 이에 대한 저항으로 구내식당 음식을 평소보다 더 높게 평가한 것이다.

이처럼 제한 조건은 고객의 마음을 움직이게 하는 효과가 매우 크다. 고객에게 시간, 수량, 장소를 제한한다는 멘트를 날려 마음을 흔들어보자. 당신이 백화점 매장 직원이라면 고객들에게 이렇게 말하는 것이다.

"고객님, 오늘이 세일 마지막 날입니다. 이 기회를 놓치지 마세요."

만일 판촉행사를 하는 직원이라면 이런 멘트가 유효하다.

"선착순 30명에게만 특별 가격으로 드립니다!"

"지금부터 3시까지, 딱 한 시간 동안만 이 가격으로 판매하겠습니다!"

명품 수제화를 판매하는 사장이라면 이렇게 말해 보자.

"이 제품은 다른 곳에서는 팔지 않습니다. 오직 이곳에서만 판매하는 세상에 하나뿐인 신발입니다."

사람들에게 인기가 많은 제품도 갖고 싶지만, 또한 한정 상품도 사고 싶은 것이 사람의 욕구다. 무엇을 팔든 심리적 유도 저항으로 고객의 심장을 쫄깃하게 만들어 보자. 구매율이 단숨에 올라가지 않을까.

6장

성과를 내게 하는
심리 대화법

1

"언제 이렇게 연습하셨어요?
벌써 좋아졌는데요."

시작이 반이다

_부여된 진행 효과

아무리 교육을 해도 면접 태도가 잘 고쳐지지 않는 학생들이 있다. 대표적으로 구부정한 자세를 하거나 어눌한 말투를 쓰는 학생들이다.

"지금부터 하나씩 고쳐나가 보자."

"특급 면접 프로그램을 시작해보자."

이렇게 말해도 학생들은 나쁜 태도와 말버릇을 고칠 엄두를 내지 못한다. 고질적인 습성을 하루아침에 고치기가 쉽지 않

웃으면서 할 말 다하는 사람들의 비밀

기 때문이다.

　그래서 갖은 방법을 다 사용해본 결과 가장 효과적인 독려 대화법을 찾았다. 먼저 간단한 연습을 시켜보고 나서 이런 말을 하는 것이다.

　"이미 전과 달라졌네요. 변화가 시작됐어요. 그러니 더 노력하면 확실히 개선될 거라 봅니다."

　이미 변화가 시작되었다는 취지의 말을 하면 동기부여가 되어 의욕적으로 노력하는 것을 확인할 수 있었다.

　이것은 '부여된 진행 효과Endowed progress effect'다. 자신이 특정 목표에 근접해가고 있다 여길 때 더욱 의욕적으로 목표를 완수하려는 현상이다. 이 용어는 소비자 연구가인 눈스와 드레즈의 실험에서 처음 제시되었다. 그들은 세차장에서 실험을 했다. 고객을 두 그룹으로 나누어 쿠폰을 지급하면서 스탬프 여덟 개를 찍으면 무료 세차를 할 수 있다고 말했다. 두 그룹의 쿠폰은 이렇게 구분되었다.

　• A 그룹의 쿠폰 : 열 개의 빈 공간 가운데 이미 두 개의 스탬프가 찍혀 있다.

　• B 그룹의 쿠폰 : 쿠폰에는 여덟 개의 빈 공간이 있다.

두 그룹은 여덟 개 스탬프를 찍는 동일한 과제를 부여받았지만 결과는 달랐다. A그룹이 스탬프를 모두 찍는 비율이 B그룹보다 82퍼센트 높았다. 이렇듯 사람은 백지 상태에서 목표 완수를 하는 것보다 이미 일정 정도 진행한 상태에서 목표 완수를 하는 것에서 더욱 동기부여를 받는다.

이를 어떻게 활용할 수 있을까? 커피숍이나 마트 등에서 고객에게 쿠폰을 지급할 때 백지 상태로 주는 것보다 도장을 두 개 찍어서 주면 훨씬 효과적이다. 그러면 쿠폰 회수율을 더욱 높일 수 있다.

행사, 프로젝트 등을 진행할 때도 이를 활용하면 더 좋은 성과를 거둘 수 있다. 대학교 과 대표가 학생들에게 대규모 집회 참여를 독려한다고 하자. 이때 학생들의 참가율이 극히 저조할 것으로 예상된다면 이렇게 말하는 게 좋다.

"이미 몇몇 학생이 참가 의사를 밝혀왔습니다. 더 많은 참여 부탁드립니다."

팀장이 팀원들과 막중한 프로젝트를 추진해야 할 때 다짜고짜 백지 상태에서 착수시켜선 곤란하다. 큰 프레임을 확정하고 어느 정도 진행한 프로젝트를 팀원들에게 보이면서 이렇게 말하자.

"이미 잘해내고 있습니다. 앞으로 여러분이 더욱 잘해낼 거라 믿습니다."

외국어 학원에서도 이를 활용할 수 있다. 간단한 것을 시켜서 완수하게 한 후 이렇게 말함으로써 동기부여를 하는 것이다.

"벌써 히라가나 카타카나를 외운 건가요? 대단하네요. 조금만 더 하면 금방 따라잡겠어요."

시작이 반이라는 말이 그냥 있는 게 아니다. '변화는 시작되었다'는 취지가 담긴 용기와 격려의 멘트를 던짐으로써 부여된 진행 효과가 실현될 수 있게 해보자.

2

"팀장님의 말투가 우리를 춤추게 해요."

의지를 일으키는 말, 의지를 없애는 말
_무레이븐의 실험

"조금 전에 하신 말씀은 그러니까…."

"죄송한데, 기획안에 경쟁기업에 대한 자료를 더 넣으라는 말씀이신 거죠?"

"팀장님, 좀 구체적으로 설명해주시겠습니까?"

상사의 업무 지시가 잘 파악되지 않을 때, 이런 질문을 던진 적 있을 것이다. 그러나 성격이 급한 상사는 직원들이 업무 지

시를 단번에 이해하고 곧바로 추진하길 바란다. 그래서 지시
사항을 되묻거나 우물쭈물하는 직원이 있으면 답답함을 참지
못하고 결국 한소리를 한다.

"척하면 척이지, 왜 이렇게 눈치가 없어."

"대체 같은 이야길 몇 번 묻는 거야?"

"아직도 못 했어? 그 일은 어제 끝냈어야지, 뭐가 이리 굼떠."

한데 이런 식의 의사소통이나 피드백이 업무에 도움이 되던
가? 신이 나서 절로 일하게 하는 효과가 있던가? 분명 그렇지
않을 것이다.

마크 무레이븐은 실험을 통해 의지력은 일정하게 유지되는
게 아니라, 쓰면 쓸수록 소진된다는 것을 밝혔다. 일명 '마크
무레이븐의 실험Mark Muraven's experiment'이다. 그 실험의 내용
을 간단히 요약하면 이렇다.

한 아이가 부모의 지시대로 마시멜로를 먹지 않고 참았다고
하자. 마시멜로를 먹지 않고 참을 만큼 자기 제어력이 강한 아
이이기 때문에, 공부를 하거나 줄을 서서 기다릴 때도 일관되
게 의지력이 유지될 것이라 예상한다. 그런데 실제로는 그렇

성과를 내게 하는 심리 대화법

지 않다. 의지력은 마치 에너지와 같아서 쓰다 보면 고갈되기 때문이다. 대학에서 심리학 박사 과정을 밟던 마크 무레이븐은 의지력에 대한 의문을 품었다.

"왜, 어떤 날은 퇴근 후에 열심히 달리기를 하는데, 또 어떤 날은 TV의 유혹에 빠져 달리기를 하지 못하는 걸까? 달리기에 대한 의지력이 있다면 퇴근 후 달리기를 하겠다는 의지가 일관되게 유지돼야 하지 않나?"

그는 이 궁금증을 밝혀내기 위해 대학생을 대상으로 실험을 진행했다. 대학생 67명을 무작위로 모집한 후, 각각의 학생에게 쿠키와 초콜릿, 래디시(빨간색을 띠는 무)가 담긴 음식을 제공했다. 이때 학생들에게는 미각 테스트를 한다고 거짓말을 하고 일단 5분간은 음식을 먹지 못하게 했다.

그런 후 절반의 대학생들에게는 실험에 참가해준 데 대한 감사를 표시하면서 이렇게 말했다.

"미각 테스트와 관련해 혹시 더 효과적인 실험 방법이 있다면 의견을 제안해주세요."

나머지 절반의 대학생들에게는 강압적인 말투로 말했다.

"지금 나눠준 음식은 5분간 절대 먹어선 안 됩니다."

5분 후에 학생들의 의지력을 실험하는 컴퓨터 테스트를 했다. 그 결과 친절한 대접을 받은 전자의 학생들은 평균 12분간 과제를 무난하게 수행했지만, 강압적인 명령을 받은 후자 그룹은 과제 수행 능력이 형편없었다. 후자는 음식을 참아야 하는 데다 강압적인 지시까지 받아 의지력을 소진한 것이다.

이에 대한 연구를 200건 이상 진행한 그는 이렇게 결론을 내렸다.

"의지력은 단순한 스킬이 아니라 팔이나 다리 근육과 비슷합니다. 많이 쓰면 피로해집니다. 그래서 하나의 일에 과하게 의지력을 쓰면 다른 일에는 그만큼의 의지력을 발휘할 수 없게 됩니다."

그러니 어떻겠는가. 직장에서 직원들을 강압하거나 윽박지르는 건 업무 성과를 높이는 데 도움이 되지 않는다. 직원들의 성과를 높이고 싶다면 그들의 의지력을 살리는 일이 선행되어야 한다. 직원들에게 업무 지시를 할 때 강압적인 말투를 사용하면서 성과가 좋아지길 바라는 건 어리석은 일이다. 그런 말투는 일을 시작하기도 전에 직원들의 의지력을 소모시키기 때문이다.

직원이 불타는 의지력을 갖고 업무에 매진하기를 바라는가? 그렇다면 고압적인 태도나 잔소리는 넣어두자.

"업무 지시 사항이 있습니다. 순서대로 말할 테니 메모해두고, 혹시 이해 안 되는 게 있으면 질문해주세요."

"박 대리 의견도 듣고 싶은데…. 여러 사람의 의견을 모으면 더 합리적인 방법을 찾을 수 있을 것 같아."

마음을 열고 친절로 무장한 다음 이렇게 말하는 것이 직원들의 열정과 의지를 살리는 길임을 명심하자.

3

"아버지, 어머니, 팀장님, 친구들아 올해엔 내가 기필코…."

동네방네 소문내면 목표 달성이 쉬워진다

_떠벌림 효과

"한 달에 1킬로그램씩, 올 한 해 동안 12킬로그램 감량이 목표야."

"작년에 중단한 기본 회화 수업을 올해는 꼭 마치겠어."

"게임하다 지각한 게 몇 번이야? 게임 좀 줄이고 10분 일찍 출근해 보자."

새해가 되면 다들 목표를 세운다. 나 역시 해마다 새로운 목표를 세우고 실천에 옮긴다. 하지만 전국 각지로 강의를 다니다 보면 잠잘 시간도 부족하고, 어느새 결심이 흐려져 계획한 일들이 작심삼일로 끝나기 쉽다. 4년 전에는 건강을 위해 운동을 결심하고, 피트니스센터 6개월 회원권을 끊은 적이 있다. 하지만 바쁘다는 핑계로 채 한 달도 다니지 못했다.

이런 내가 재작년 초, 책 출간이라는 목표를 세웠다. 단지 책을 내는 데 그치는 게 아니라 더 욕심을 부려서 베스트셀러를 만든다는 목표를 세웠다. 그런데 '역시나'였다. 지친 몸으로 책을 쓴다는 게 쉽지 않았다. 책상에 앉았다 하면 졸음이 쏟아졌고, 또 작심삼일로 끝날 위기에 처했다. 특단의 조치가 필요했다. 내가 쓴 방법은 말의 힘을 빌리는 것.

"여보, 올해 나는 꼭 베스트셀러를 낼 거예요."

"강사님들, 기대해도 좋습니다. 오랫동안 기다려온 제 책이 드디어 상반기에 나옵니다."

이런 식으로 주위 사람들에게 내 목표를 열심히 알렸다. 목표를 속으로만 품는 데 그치지 않고, 주변 사람들에게 내 목표를 구체적으로 선포한 것이다. 그러자 신기하게도 나태해지는 나를 단속할 수 있었고, 마침내 첫 책이 세상에 나옴과 동시에

웃으면서 할 말 다하는 사람들의 비밀

베스트셀러가 되었다.

나의 성공에는 '떠벌림 효과 Profess effect'가 작용했다. 떠벌림 효과는 자신의 목표를 주위 사람에게 알림으로써 실행력이 증가해 목표를 더 잘 성취하게 되는 현상이다.

1955년 미국의 심리학자 도이치 박사와 게라트 박사는 다음과 같은 실험을 했다. 그들은 피험자를 모은 후 A, B, C 세 그룹으로 나누었다.

A그룹에게는 이렇게 말했다.

"자신의 목표를 아무에게도 말하지 마세요."

B그룹에게는 이렇게 말했다.

"자신의 목표를 금방 지울 수 있는 글자판에 적어두세요."

C그룹에게는 이렇게 말했다.

"자신의 목표를 종이에 적고 서명한 후 공개하세요."

그 결과 A그룹은 24.7퍼센트, B그룹은 16.3퍼센트가 본래 목표를 유지하지 못하고 수정을 했지만, C그룹은 단 5.7퍼센트만이 목표를 수정했다. 이와 함께 목표를 알린 사람 수가 많을수록 본래의 목표를 일관되게 유지하는 효과가 더 커진다는 사실이 밝혀졌다. 이 같은 현상은 타인의 기대나 관심이 일의 능률을 높이고 결과를 좋게 만드는 피그말리온 효과 Pygmalion effect와도 유사하다.

이런 방법은 타인에게뿐 아니라 자기 자신에게도 활용할 수 있다. "나는 할 수 있어", "나는 분명 목표를 달성할 거야", "난 의지가 강한 사람이니까 결국 해낼 거야"라며 소리치다 보면 자기 암시에 걸리고 결국 일을 더 잘 성취할 수 있게 된다.

그 예로 전설의 복서 무하마드 알리를 들 수 있다. 그는 떠벌리기 하면 빼놓을 수 없는 사람이다. 익히 알다시피 알리는 묵묵히 연습에만 매진하는 스타일이 아니었다. 물론 열심히 훈련을 했지만, 훈련 못지않게 입으로도 열심히 떠들어댔다.

"나는 최고야."

"세상에 나를 따라올 사람은 없을걸."

"그는 분명 4회에 KO야."

놀랍게도 그의 말은 결국 이루어졌다. 훗날, 그는 자신이 승리할 수 있었던 건 주먹이 아닌 말 덕분이었다고 밝히기도 했다.

새로운 목표나 힘겨운 목표를 세웠다면, 나홀로 조용히 가슴에 품지 말고 주변 사람들에게 널리 알리자. 동네방네 소문을 내는 것이다. 내 목표를 아는 주변 사람들이 나를 채근하는 코치가 되고, 힘을 실어주는 지원자가 될 테니 그 힘을 적극 활용하자.

4

"내가 묻고 내가 답한다"

단번에 실천력이 높아지는 자신과의 대화

_질문 행동 효과

"아이가 고3인데 공부를 잘 안 해서 걱정이에요. 어떻게 하면 좋죠?"

"회사에 자주 지각을 해요. 안 그러고 싶은데 이 버릇이 잘 고쳐지지 않습니다."

학부모와 직장인의 고민이다. 전자는 자녀로 하여금, 후자는 자신으로 하여금 새로운 특정 행동을 유도하고자 하지만 그게 쉽지가 않다. 그 이유는 습관의 강력한 덫 때문이다. 오랫동안 반복해온 일정한 행동 패턴은 쉽사리 바뀌지 않는다.

나 역시 예외는 아니다. 밤늦게 야식을 하면서 TV 보는 습관 때문에 체중이 64킬로그램까지 늘어 이 습관을 고치려고 무척 애를 썼다.

"올해 꼭 10킬로그램을 빼겠다."

"야식은 끊고 채소만 먹겠다."

이런 이야기를 들으면 속으로 이런 각오를 다지고 또 다졌 건만 번번이 행동에 옮기지 못했다. 이런 내가 지금 47킬로그램을 유지하고 있다. 이런 이야기를 들으면 다들 깜짝 놀라면서, 대체 어떻게 다이어트를 했느냐고 묻는다. 이때 들려주는 대답이 이것이다.

"결심은 특정 행동을 하겠다는 생각입니다. 결심을 하는 건 식은 죽 먹기나 다름없습니다. 그런데 어떤 사람은 결심을 곧 행동으로 옮기는 반면, 어떤 사람은 그렇지 못해요. 결심이 행동으로 이어지려면 실천력이 필요하기 때문입니다. 그런데 실천력을 높여주는 대화법이 있습니다. 바로 '질문하고 대답하기'입니다. '다이어트를 할 것이냐' 하고 자신에게 질문하고 이에 대답하는 것만으로 실천력을 높일 수 있었죠."

이는 '질문 행동 효과Question-behavior effect'로 설명할 수 있다. '자기 자신에게 질문하고 답변함으로써 실천력이 높아지는 현상'이다. 캘리포니아 주립대, 뉴욕 주립대, 워싱턴 주립대, 아이다호대 공동연구팀은 이 효과와 관련한 연구 결과 100여 건을 분석했다. 연구팀은 무작위로 대학생을 모은 후 이들의 운동 실천력을 조사하며, 다음과 같이 질문했다.

"앞으로 두 달 동안 운동을 할 건가요?"

이에 학생들은 고개를 끄덕였다.

"물론입니다. 그렇게 할 겁니다."

이후, 대학생들의 행동을 추적한 결과 운동을 하는 사람의 비율이 14퍼센트에서 26퍼센트로 증가했다. 연구팀에 따르면, 이런 결과가 나온 이유는 질문에 답하는 과정에서 일종의 약속과 같은 심리적 반응이 생겨났기 때문이라고 했다. 더욱 재미있는 건, 질문과 답변의 효과가 다른 사람에게 나타나는 건 물론이고, 질문자 자신에게도 분명하게 발생한다는 것이다. 캘리포니아 주립대 에릭 스팡겐베르크 박사는 말했다.

웃으면서 할 말 다하는 사람들의 비밀

"질문은 간단하지만 행동 변화를 일으키는 데 효과적인 기술입니다."

자기 자신은 물론 타인에게 특정 행동을 촉진시키고자 할 때 질문을 활용해보자. 특히 자기 자신에게 질문하는 것은, '나는 특정 행동을 하겠다'는 결심에 비해 2배 이상 행동을 촉진시킨다.

학부모가 고3 학생에게 공부를 시키려면 이렇게 질문을 던져 긍정적 답변을 유도해보는 거다.

"OO 대학 가고 싶으면 공부에 집중할 거지?"

지각을 하지 않으려는 직장인이라면 스스로에게 이렇게 묻고 답해보자.

"8시 40분까지 회사에 도착할 거지? 그렇고말고. 반드시 그렇게 할 거야."

누구나 삶의 변화를 꾀하며 새로운 행동을 시도하려고 애를 쓴다. 그런데 마음먹은 만큼 실천하기가 쉽지 않다. 옛 관습의 관성 때문이다. 이 질기고 질긴 관성의 족쇄를 어떻게 끊을 수 있을까?

성과를 내게 하는 심리 대화법

질문 행동 효과에 의지해보자. 상대와 나의 인생을 바꾸는 기분 좋은 변화가 시작될 것이다.

웃으면서 할 말 다하는 사람들의 비밀

5

"관심 있게 지켜보고 있습니다."

지시하는 말보다 사람의 눈길이 더 힘이 세다

_호손 효과

"이 기획안, 오늘 중으로 마무리해두세요."

"목표한 실적 꼭 채워야 합니다."

"새로 만든 규칙이니 직원들이 잘 준수할 수 있도록 단속하세요."

기업에서 자주 강의를 하는지라 종종 임원과 간부의 지시를 들을 때가 있다. 여러 번 비슷한 경험을 하다 보니, 지시하는 말투만 들어도 그가 어느 위치에 있다는 걸 짐작할 정도다. 지시는 신속하게 일을 진행하고 소기의 성과를 내기 위해 필요하다. 그런데 가끔 지시 만능주의에 빠진 건 아닌가 하는 우려가 들곤 한다.

윗사람들은 부지런히 지시를 내리면, 그것이 곧 성과로 직결된다고 착각한다. 또 일에 대한 욕심이 크면 클수록 희한하게도 지시하는 말투가 위압적이 되고, 반말 투로 변한다. 힘껏 몰아붙이고 압박하면 더 나은 성과가 나올 거라 믿는 이들이 많은데, 이는 큰 착각이다.

나는 기업체 임직원과 간부에게 이런 조언을 종종 한다.

"조직의 위계질서를 세우고 업무를 진행하기 위해서는 지시가 불가피하겠지요. 하지만 지시가 만능열쇠는 아닙니다. 특히 명령조의 강압적인 지시는 직원들 사기를 떨어뜨리고 수동적으로 만드는 등 역효과가 날 수 있어요. 그러니 일방적 지시대신 다른 방법을 쓰는 게 좋습니다. 바로 관심을 갖고 지켜보는 겁니다. 이것만으로도 업무 효과를 눈에 띄게 높일 수 있습니다."

누군가가 자신을 관찰하고 있다는 사실을 알면, 행동을 개선하거나 일의 능률이 오른다. 일명 '호손 효과Hawthorne effect'다. 호손 효과가 밝혀진 건 1924년에서 1927년까지 2년 반 동안 웨스턴 전기회사와 하버드대학의 엘튼 메이요 연구진이 공동으로 진행한 연구 덕분이다. 이 연구의 핵심 과제는 작업 환경을 어떻게 만들어야 업무 효율을 높일 수 있는가 하는 것이었다.

먼저 조명을 밝게 했다. 이렇게 하면 직원들 사기가 높아져 생산성이 높아질 것을 예상했고 실제 현장 실험 결과 효과가 입증되었다. 그런데 예상 밖의 일이 생겼다. 실험을 마치고 나서 연구진은 이렇게 말했다.

"공장의 작업 환경을 예전으로 돌려놓으세요."

공장 내부는 다시 어두워졌다. 이렇게 되면 생산성이 예전처럼 떨어질 텐데 왜 되돌려놓으라는 것일까? 하지만 그런 우려와 달리 직원들의 생산성은 예전보다 더 높게 나왔다. 대체 무슨 일이 벌어진 걸까?

이유가 궁금했던 연구진은 직원들과 인터뷰를 진행했다.

"우리는 유명 대학의 교수가 공장에서 연구를 진행한다는 걸 알고 있습니다. 우리를 지켜본다고 생각하니 전보다 더 열심히 일하게 되더라고요."

의외의 대답이었다. 문제의 해결책은 예상치 못한 곳에 있었다. 이 실험과 인터뷰를 통해 연구진은 단지 관심 있게 지켜보는 것만으로도 생산성이 높아진다는 걸 알게 됐다.

이 원리는 아주 유용하게 써먹을 수 있다. 직원들에게 성과를 내라고 닦달하듯이 지시를 남발하는 대신 오히려 지켜보는 쪽을 택하는 것이다. 당신이 기업 대표라면 직원들에게 빨리 성과를 내라고 닦달하는 대신 이렇게 말하자.

"열심히 일하는 모습이 보기 좋군요. 지켜보겠습니다."

수업 시간에 딴짓하는 자녀를 둔 부모는 아이에게 강압적인 지시형 말투 대신 이렇게 말할 수 있을 것이다.

"엄마는 네가 공부하는 모습을 늘 지켜보고 있단다."

누군가 나를 지켜본다는 것, 그것이 감시든 관심이든 간에 사람들은 그것에 큰 영향을 받는다. 자신의 영역에서 이를 적절하고 유용하게 활용하는 것은 각자의 몫이다.

6

"내가 너의 이름을 불러주었을 때 너의 성과는 200%가 되었다."

조직이 커질수록 업무 성과가 떨어지는 이유

_링겔만 효과

나는 대학생들에게 조별 프레젠테이션 과제를 자주 내는 편이다. 이때 조 구성은 전적으로 학생들 자율에 맡긴다. 나중에 보면 보통 서너 명으로 팀을 짜지만 간혹 예닐곱 명으로 구성된 팀도 볼 수 있다. 언뜻 생각하면 팀 구성원이 많으면 많을수록 더 좋은 결과가 나오지 않을까 싶다. 현실은 어떨까? 인원수가 많으면 아무래도 더 유리할까?

실제로는 전혀 그렇지 않다. 대체로 꼭 필요한 인원만 채워

성과를 내게 하는 심리 대화법

진 팀이 좋은 결과를 내고, 많은 인원으로 채워진 팀은 의외로 나쁜 결과를 낸다. 함께하는 인원이 많으면 긴장이 풀어지거나 딴소리를 하면서 시간을 허비하는 일이 많기 때문이다. 이는 대학생에게만 해당하는 문제가 아니다.

이 사실을 잘 아는 나는, 기업에서 프레젠테이션 의뢰를 받을 때는 꼭 필요한 소수 인재로만 팀을 구성한 후 이렇게 말한다.

"진행 비용이 적게 책정되어 소수로 팀을 짠 건 아닙니다. 경험상 꼭 필요한 소수 인원으로 팀을 짤 때 각자 최고의 잠재력을 발휘한다는 걸 알기 때문입니다. 다들 내 일이라는 주인의식을 갖고 열심히 해주시길 바랍니다."

이런 현상이 벌어지는 것은 링겔만 효과Ringelmann effect 때문이다. 집단 구성원 수가 많아질수록 1인당 공헌도가 떨어지는 현상인데, 흔히 사회적 태만과도 연결된다.

프랑스의 농업 전문 엔지니어 링겔만은 줄다리기할 사람들을 모은 후 줄다리기의 힘을 측정했다. 맨 처음에는 한 명이 줄다리기를 했는데, 이때는 개인의 힘이 100퍼센트 발휘되었다. 다음에는 세 명이 줄다리기를 했는데, 이때는 개인의 힘이 85

퍼센트 발휘되었고, 여덟 명이 줄다리기를 할 때는 개인의 힘이 64퍼센트 발휘되었다. 실험 결과를 토대로 그는 말했다.

"개인이 집단에 속하면 자신의 능력을 최대한도로 발휘하지 않습니다. 특히 집단 구성원이 많아질수록 그런 경향이 더 강해집니다."

'파킨슨의 법칙Parkinson's law'은 이 내용을 구체화하는 데 도움을 준다. 업무량 증가와 공무원 수의 증가는 아무 관련이 없으며, 공무원 수는 일의 분량과 관계없이 계속 증가하는 현상이 바로 파킨슨의 법칙이다. 이는 곧 일이 많아서 공무원이 필요한 게 아니라 사람이 많아서 일자리가 더 필요하게 됨을 뜻한다.

조직 구성원 수가 많으면 개개인이 높은 성과를 내서 조직 전체의 성과도 같이 높아지리라 여기지만 실상은 그렇지 않다. 그 이유는 전체 속에 개인이 숨기 때문이다. 구성원의 수가 많아지면 열심히 하는지 안 하는지 잘 표시가 나지 않는다. 그러다 보니 개개인이 최고 역량을 발휘하지 않는 일이 많다.

인원이 많은 조직이 잘 단합되지 않거나, 개별적 업무 역량이 떨어지는 것도 이런 이유 때문이다. 특히 인원이 많은 조직에 속한 사람일수록 업무 시간에 태만하거나 딴소리를 자주 한다.

"슈트 멋진데, 어느 브랜드야? 나도 맞춰야겠어."

"어제 소개팅 어떻게 됐어? 궁금한데 이야기 좀 풀어봐."

일의 규모가 커지고, 목표의 난이도에 올라가면 조직 구성원은 많아질 수밖에 없다. 그렇다면 불가피하게 구성원을 늘려야 할 때, 개개인의 역량을 최고로 발휘하게 할 방법은 무엇일까?

간단하다. 구성원의 이름을 불러주는 것이다. 조직 구성원 이름을 자주 불러주면서 그로 하여금 주체성과 주인의식을 갖게 하는 게 좋다. 인원이 많아질수록 개인은 조직에 파묻히고, 은근슬쩍 조직의 성과에 무임승차하려는 욕구가 생긴다. 따라서 조직 속의 개인 한 명 한 명을 개별적 주체로 인정해줄 필요가 있는데, 이름을 불러주는 것이 도움이 된다. 구성원은 여럿 중 하나가 아니라, '나'라는 존재로 자신을 의식할 것이고 책임감으로 무장할 것이다.

임원이나 간부, 팀장 등 조직의 리더는 구성원 단 한 명의 이름도 놓치지 말고 기억해야 한다. 그에게 다가가 그의 이름을 불러준 순간 그는 개인 그 자체로 살아나 자기 본분과 책임을 되새기게 될 것이다. 그리고 혼자 일을 진행할 때와 마찬가지로 100퍼센트 역량을 발휘할 것이다.

이름을 불러주고, 그의 존재를 인식하는 것은 비단 사람과 사람 사이의 관계 회복에만 도움이 되는 게 아니다. 조직에서 개인 스스로가 자긍심을 갖고 성과를 발휘하게 하는 데도 크나큰 힘이 됨을 기억하자.

7

"우리 회사에는 부서 이기주의가 없습니다. 그 이유는…."

갈등을 없애고 단합력을 높이는 한마디

_ 로버스 동굴 실험

"직원들의 경쟁이 지나친 나머지 생산성이 떨어져서 고민입니다."

"팀별 성과 다툼에 매몰되어 팀 이기주의가 심해졌어요."

"주전 선수 경쟁이 너무 치열해서 단합이 되지 않습니다."

시너지를 일으키는 적당한 경쟁은 좋다. 그러나 경쟁이 과열되어 팀워크를 해치는 지경에 이르면 문제는 심각해진다. 선의의 경쟁을 하며 서로 제 역할을 다하면 좋으련만 그렇지 않을 때가 많다. 구성원 한 명 한 명은 최고의 역량을 갖추었지만, 막상 조직에서 성과를 놓고 경쟁하다 보면 서로 아옹다옹하게 되고, 그것이 결과적으로 조직에 해를 끼치곤 한다.

누군들 조직에서 두각을 나타내는 게 싫겠는가? 옆자리 동료가 자신보다 큰 성과를 내거나 빨리 승진하는 걸 마음 편하게 보고만 있을 사람은 별로 없다. 상대가 탁월한 성과를 내면, 자신은 점점 초라해지는 걸 절감하기 때문에 더욱 그렇다.

사정이 이렇다 보니, 아무리 인재를 모아놓아도 서로 협동 단결을 하는 게 쉽지 않다. 그래서 기업체와 스포츠 관계자들이 어떻게 하면 조직 소통을 원활히 해서 단합을 이끌어낼 수 있는지, 그 비결을 자주 물어온다. 이때 내가 자주 하는 답변은 다음과 같다.

"어느 조직이든 뛰어난 인재들이 모이면 선의든 악의든 경쟁하게 마련입니다. 자연스러운 현상이지요. 리더는 이들의 열정과 에너지가 갈등으로 소모되지 않도록 잘 끌어줘야 합니다. 이때 필요한 게 공동의 목표를 세워주는 겁니다."

이질적인 집단이라도 공동의 목표가 있으면 갈등이 줄어드는데, '로버스 동굴 실험Robbers Cave experiment'이 이를 잘 보여준다.

　미국의 사회심리학자 무자퍼 셰리프는 1954년, 로버스 동굴 근처 여름 캠프장에 열두 살짜리 소년 24명을 모았다. 이들을 두 그룹으로 나누어 생활하게 했는데 한쪽 그룹은 방울뱀으로, 다른 한쪽 그룹은 독수리로 이름을 정했다. 일주일 후 그는 두 그룹을 한데 모아 승패를 나누는 게임을 하도록 지시했다.

　"지금부터 줄다리기, 텐트치기 등을 하겠습니다. 우승 팀에게는 상품이 있으니까 열심히 하세요."

　그러자 아이들 사이에 갈등이 생겨났고, 이는 급기야 싸움으로 번졌다. 이를 해소하기 위해 함께 식사하기, 영화 보기를 진행했지만 아무 소용이 없었다. 그러자 셰리프는 스텝들에게 새로운 지시를 내렸다.

　"아이들이 서로 협조할 일을 만드세요."

　그렇게 해서 아이들이 힘을 모아야 하는 일이 만들어졌다. 캠프 수도관 수리하기, 영화 비디오 대여를 위한 돈 모으기, 진흙에 빠진 식자재 배달용 트럭 끌어내기 등이었다. 그러자 며칠 뒤 아이들 사이의 갈등이 온데간데없이 사라졌다. 아이들은 각기 다른 그룹으로 나뉘어 있음이 무색할 정도로 한 팀처럼 잘 지냈다. 이처럼 로버스 동굴 실험은 공동의 목표를 향해 움직이게 함으로써, 이질적인 집단이 갈등을 해소하고 협력하게 됨을 증명해 보였다.

로버스 동굴 실험의 효과는 기업 내부에서도 활용할 만하다. 당신이 광고기획사 대표라고 해보자. 부서 간의 경쟁 과열로 내부의 분위기가 심각할 때 리더는 흔히 이런 식으로 직원들을 타박한다.

"정말 이기적이군. 회사가 잘돼야 본인들이 잘되는 것도 모르고 싸우기만 하다니, 이런 한심한…"

직원들 개인 탓으로 돌릴 문제가 아니다. 리더가 왜 필요하겠는가. 이럴 때 조정하고 조율하는 것이 리더가 할 일이다. 어설프게 가족 같은 회사니 뭐니 하는 캠페인을 벌일 생각이라면 접어두길 바란다. 조급하게 화해와 단합을 종용하는 것 또한 무리다. 그들에게 더 좋은 인센티브를 주고, 더 좋은 환경을 만들어준다고 해서 감정의 골이 메워질 리 없다. 하지만 대표가 구성원 모두에게 공동의 목표를 던지는 순간, 단합도는 급속도로 높아진다.

"지금, 회사는 풍전등화입니다. 회사가 위태로우면 우리 모두 위태로워집니다. 지금은 다 함께 하나의 목표를 향해 달려야 할 때입니다. 힘을 합쳐 위기를 헤쳐 나갈 방안을 찾아봅시다."

만일 당신이 축구단 코치라면 주전 선수 간의 소모적인 경쟁을 없애기 위해 어떻게 말하겠는가? 나라면 이렇게 말할 것이다.

"경기가 없는 겨울 동안, 주전 선수 두 명은 우리 축구팀의 팬클럽 홈페이지를 공동으로 관리해주세요. 홈페이지에 접속하는 회원 수가 계속 떨어져서 고민입니다. 두 달 내에 접속하는 팬클럽 회원 수가 늘어날 수 있도록 두 사람이 머리를 맞대고 고민해주면 좋겠습니다."

이런 방법론은 비단 기업과 일반 조직에만 해당되지 않을 것이다. 나이 터울이 얼마 되지 않는 형제자매 다툼이 심할 때도 '공동의 목표'는 유용하다.

"둘이서 힘을 합쳐 이 일을 잘 끝내놓으면 여름휴가 때 해외

웃으면서 할 말 다하는 사람들의 비밀

여행을 생각해보마. 일주일 뒤, 둘이 얼마나 잘 협력해서 해냈는지 내가 보고 판단할 테니 열심히 준비해봐."

단 주의할 것이 있다. 싸울 때마다 같은 카드를 꺼내어 쓸 수는 없다. 당연히 효과는 반감된다. 또한 공동의 목표를 던진 후 그 결과 평가를 할 때 "누가 더 열심히 했어?", "이 부분은 누가 한 거지?"라는 식으로 개별적 성과를 따지는 어리석음도 피하길 바란다. 언제 이 카드를 꺼내들어야 할지, 어떤 공동의 과제를 던져야 협력해서 진행하기 좋은지 예민하게 판단해서 적절히 던져넣는 지혜를 발휘하길 바란다.

참고자료

『설득: 심리학에서 답을 구하다』, 나이토 요시히토

『소비자는 무엇으로 사는가?』, 니콜라 게겐

『끌리는 사람은 1%가 다르다』, 이민규

『촌놈서동 출세기 연구』, 김헌식

『너 이런 심리법칙 알아?』, 이동귀

『사람을 움직이는 100가지 심리법칙』, 정성훈

『시장의 흐름이 보이는 경제 법칙 101』, 김민주

『비즈니스를 위한 법칙 상식』, 정재학

『소리 없이 승리하는 법』, 주희진

『심리학이 연애를 말하다』, 이철우

『꼭 알고 싶은 심리학의 모든 것』, 강현식

『감정 독재』, 강준만

『우리는 왜 이렇게 사는 걸까?』, 강준만

『정신의학의 탄생』, 하지현

『자장면 경제학』, 오형규

『설득의 심리학 1, 2』, 로버트 B. 치알디니 외

『은유와 최면』, 이윤주 외

『복수의 심리학』, 마이클 맥컬러프

https://dbr.donga.com/article/view/1203/article_no/6266

http://www.koreanpsychology.or.kr

http://www.etoday.co.kr/news/section/newsview.php?idxno=1515467

http://terms.naver.com/entry.nhn?docId=3570479&cid=58780&categoryId=58780

http://www.psypost.org/2018/01/study-sapiosexuality-suggests-people-really-sexually-attracted-intelligence-50526